写作照亮教育之路

一个草根语文教师的突围

朱胜阳 著

图书在版编目（CIP）数据

写作照亮教育之路：一个草根语文教师的突围/朱胜阳著. —福州：福建教育出版社，2022.4（2022.9重印）
ISBN 978-7-5334-9313-4

Ⅰ. ①写… Ⅱ. ①朱… Ⅲ. ①语文教学－教学法 Ⅳ. ①H19

中国版本图书馆CIP数据核字（2022）第037147号

Xiezuo Zhaoliang Jiaoyu Zhi Lu

写作照亮教育之路
——一个草根语文教师的突围

朱胜阳　著

出版发行	福建教育出版社
	（福州市梦山路27号　邮编：350025　网址：www.fep.com.cn）
	编辑部电话：0591-83779650
	发行部电话：0591-83721876　87115073　010-62024258）
出 版 人	江金辉
印　　刷	福建省地质印刷厂
	（福州市金山工业区　邮编：350011）
开　　本	710毫米×1000毫米　1/16
印　　张	15
字　　数	206千字
插　　页	2
版　　次	2022年4月第1版　2022年9月第2次印刷
书　　号	ISBN 978-7-5334-9313-4
定　　价	40.00元

如发现本书印装质量问题，请向本社出版科（电话：0591-83726019）调换。

序言一

礼赞！草根语文教师

周一贯

朱胜阳是我熟识的一位语文教师。早就听说他对语文教学情有独钟，且教学的方式颇显独特，一直十分注重写作。之所以说其独特，是因为见到更多的中青年教师，似乎也肯于钻研教学，不断进取，但多数都不喜欢动笔，似乎十分赞成"小学教师不会写教学论文，不是大事"。但朱胜阳看来不走这条道，而是注重在日常教学中的点滴体悟，并且用笔写下来。滴水穿石，绳锯木断，终于有了不小的成就。本书的第一辑"我的成长"、第二辑"点灯人语"，都可以说明正是因为教学写作，才有了教师的专业发展。教学写作的好处不仅在于提升了教师在专业生涯中的用力、用心，还在于极大地提升了教师读书和生活的用功、用情。正是这样的人生践履，终于感动了教育报刊的编辑老师，才有了大量的媒体报道。这样能在专业上高歌猛进而不畏辛劳的青年教师是难能可贵的。

本书中，令我刮目相看的是第三辑"走读绍兴"。其实，我开始关注朱胜阳正是缘于他对走读的探究。

早在2016年3月，我在《柯桥日报》上读到记者陶晓宇的报道《"走读绍兴" 点燃孩子恋乡热情》。当时，朱胜阳已花三年时间（当在2013年至2015年），带着学生走绍兴、观古迹、赏风光、搞研学。这样的一种学习方式，在当时备受各方关注。于是，省里也专为这个课题立了项。

走读，好一种为新时期培养堪当民族复兴重任的新一代的阅读方式！所谓广义的阅读，应该是从书面语言和其他书面符号（如图表）中获得意义的社会行为、实践活动和心理过程。但是，阅读首先是作为一种特殊的交际方式而存在的社会现象，具有行为的社会性，这就蕴含了阅读的对象不一定只是书本，它也可以是高山大河、沃野平畴，或史迹遗存，或物像汇聚。这样的阅读，更合适的称谓应是走读或游学。由此推论，"读万卷书，行万里路"都具有本质上同一性的一面：皆是人的阅读活动，既表现为读有字之书，也包含了读无字之书。

从另一方面看，阅读作为一种主体活动，它还具有活动的实践性。实践是人能动地改造客观世界的物质活动。阅读之所以被称为一种实践，不只是因为它是一种实际的社会交际过程，更在于读了后必须落实于行动，成为一种社会的实践行为。战国时代的荀况说得好："不闻不若闻之，闻之不若见之，见之不若知之，知之不若行之。学至于行而止矣。行之，明也；明之为圣人。"（《荀子·儒效》）宋代的朱熹在《答曹元可》中说得更明白："为学之实，固在践履。苟徒知而不行，诚与不学无异。然欲行而未明于理，则所践履者，又未知其果何事也。"这说明阅读必须落实于实践行动，读与做应该是一回事。读了就要付诸实践，是读的继续；而实践又是对读的深度理解，是继续地读。正是基于对这种阅读与践履之相关性的思考，走读更应当是值得提倡的一种阅读方式。

现在，对走读的探索和践行，出于教学第一线的一位青年教师，不禁令我倍生敬慕之心。正如本书标题所示，用写作来照亮教育之路的并非是头衔一大堆的某位名师，而是"一个草根语文教师"，特别令人深省。草根，是那么的平凡，从来不会光芒四射、夺人眼球，但是这些草根教师却在教育的基层默默耕耘，年复一年，挑着教育的大梁。这不禁让我联想到唐朝诗人白居易那首《赋得古原草送别》中的"离离原上草，一岁一枯荣。野火烧不尽，春风吹又生"。是啊，"野火烧不尽，春风吹又生"写出了野草顽强的生命力。草原上的野火常常会乘着大风烧得异常猛烈，可以使大片大片的野草毁于顷刻之间。可是，野草却是不可摧折的，来年春风一吹，便会重新萌芽，一片葱绿，茁壮成长。为什么？原因就在于草根的生命力。草根没有死，也不会死。它扎根于大地，是大地给它以养分，它才总是能"芳草碧连天"，装点出一个又一个美丽的春天。

这两句诗还使我想起了白居易与此相关的一段轶事。相传诗人年轻时曾带了自己的诗作去谒见当时的名士顾况，自然既是求教，又盼提携，希望自己能在长安找到一寸扎根之地。不料，顾况是个爱开玩笑的人，看到他的名字是"居易"，便说长安"米价方贵，居亦非易"。这让白居易心里很不是滋味。但当顾况翻读他的作品，看到了"野火烧不尽，春风吹又生"时，不由肃然起敬，马上改口，赞赏地说："道得个语，居亦易矣。"于是，这段轶事便成了诗坛佳话，不但让现在的我们看到了诗句的力量，这力量令顾况立马刮目相看；也使我们体悟到这诗句的内蕴：原来"野火烧不尽"的力量，全在于深深扎在基土中的草根。

千里之行，始于足下。今天诸多的名师、学者、专家、教授，哪一位又不是起步于"草根"？没有昨日作为草根的涵养积蓄，又何来今天名师的成就辉煌！行文至此，想到应当给序加个标题，那就叫"礼赞！草根语文教师"吧。

2021 年 5 月 23 日
于越中容膝斋

序言二

燃灯如豆，持续发光

莫国夫

朱胜阳老师是我主持的浙江省名师网络工作室的学科带头人。去年他说要将近年来自己教育求索之路上的一些作品结集出版，并嘱我为序。作为导师，我深感荣幸和欣慰。

在我众多的名优教师学员中，胜阳的天资和基本功并不出色，但他却是最努力、最有方向感的学员之一，以至于有其他学员在读到胜阳的年度计划和年终盘点时打趣说："墙都不扶，就服胜阳！"

我第一次知道朱胜阳，是十多年前看了他执教的班级读书会的录像课——《犟龟》。这是一个关于长期主义者的故事。"只要上路，总会遇上隆重的庆典"——《犟龟》的灵魂之句无疑烛照了胜阳之后的成长和突围之路。

从这堂课出发，胜阳扎根自己的教学田野，以写作为犁，制心一处，持续发力，向我们呈现了一条朱胜阳式的专业发展之路。

从农村小学的班级儿童阅读推广，到瓜渚湖畔公园里的"颜颜爸爸读书会"，再到开发研学课程"走读绍兴"……其经验和成果从柯桥区走到绍兴市，从绍兴市走到浙江省。他的文章越来越多地在报章杂志上发表，他越来越多地被邀请给同行分享经验，他的成长事迹《朱胜阳："折腾"在路上》也被《中国教师报》刊发。

朱胜阳是一名一线带班的小学语文教师，他在书中自谦为草根教师。但在我看来，"草根"一词极富教师成长的美好寓意。

"草根"贵在有"根"，庞大的根系和土壤融为一体。教育者扎根于教育和生活的田野，以实践、反思、阅读、写作为行动的姿态，直面现场问题的挑战，学习、吸收来自各处的营养，默默蓄力，以量变求质变，终至在现实困境中突围，呈现自己最美好的专业生命。

正如佐藤学在《教师花传书》中所言：教师的人生是持续学习的人生。向儿童学习，向教材学习，向同事学习，向社区学习，从自身的经验中学习——正是这种持续学习的步伐，构成了教师的人生。这种步伐极其稳健，是通过认认真真的实践积累而成的。

"草根"之"草"虽平凡，但绝不潦草，虽难以被关注和赞美，但因有根，有土，有生命的现场，所以无论东西南北风，草根自会发芽。

"有一分光，就发一分热。"在这个春天里，每一棵小草，都在努力长成自己最美好的样子。而我们的教育太需要每一位教师立足现场的微改良、微创新，需要每一位教师有进一寸得一寸的欢喜心。

现实总是充满缺陷和羁绊，纸面上的理想可能永远不可企及，却应该是每一位教育工作者都当怀有的，恰如灯盏，令人心向往之。而所有真实的成长，都来自于直面问题的挑战与登攀，都来自于时间暗处的坚持与积累。就如犟龟陶陶，既然方向已定，那就只顾风雨兼程！

今天，在朱胜阳新著即将正式出版之际，我以"燃灯如豆，持续发光"与他共勉。期待朱胜阳给我们带来更多的惊喜和成果。

是为序。

2022 年 3 月 23 日

目 录

我的成长

003　我的"涂"画史

008　让"临摹"成为时尚
　　　——农村小学教师跟上课改步伐的捷径

011　在"缝隙"中求发展

013　一切,都是为了证明

017　阅读,从"常识"开始

019　赛课之外有条路

025　没有绝招,只有理解

030　"教育,就是让我把曾经需要的给学生"

033　可怕的"答案"

039　这个学期,我不当班主任

044　与刘发建老师的二三事

050　莫国夫——那个点亮我的人

057　写作照亮教育之路

点灯人语

065　"读"过十年，"阅"有滋味
　　　　——一个农村教师推广儿童阅读的探索及面临的问题

072　更行更远阅读路

081　孩子们，毕业前再看些书吧！

086　有些东西看不见，看不见却在那里
　　　　——亲子阅读四年回顾

098　儿童文学作品读书笔记七则

　　098　壹　你也能吃到苹果——读《想吃苹果的鼠小弟》

　　099　贰　"你是特别的，你是最好的"——读《火鞋与风鞋》

　　101　叁　淘气，永恒的魅力——读《小尼古拉的课间休息》

　　102　肆　寂寞美好正青春——从《星空》认识幾米

　　104　伍　拨动心弦的三句话——读《亲爱的汉修先生》

　　107　陆　每一个人的心里都有一颗爱的种子——读曹文轩《阿雏》

　　109　柒　我们缺少了什么？——读《爱的教育》

114　《不老泉》读书课例

　　114　壹　生命的真谛——《不老泉》解读

　　116　贰　《不老泉》教学设计

　　120　叁　一起探寻生命的真谛——《不老泉》班级读书会教学实录

124　《犟龟》读书课例

　　124　壹　只要上路，总会遇见隆重的庆典——《犟龟》解读

　　125　贰　既然选择了远方，便只顾风雨兼程——《犟龟》教学设计

　　129　叁　图画书教学：请简单些！——《犟龟》教后随感

139 铁丝网上的小花
　　——"战争"主题绘本群读设计
148 《桂花雨》磨课记
158 当课文遭遇原文
　　——关于《小桥流水人家》的教学思考

走读绍兴

165 来，一起"走读绍兴"去！
169 "走读绍兴"，开启乡愁之旅
173 以"走读绍兴"为载体开发绍兴乡土文化拓展课程的实践研究报告
182 "走读绍兴"课程纲要
196 "走读绍兴"寒暑假研学长作业设计
203 "云门寻古"行前指导教学设计
207 老街的昨天、今天和明天
　　——"老街探幽"语文实践活动汇报及研究报告撰写指导教学设计
214 "越地儿戏"教学设计

代后记

222 朱胜阳："折腾"在路上　　高影

我的成长

成长，是绝大多数教师的愿望。但我深知那些普通一线教师（特别是乡村教师）专业成长路上所面临的困境：没有导师引领，没有资格赛课，甚至没有机会培训……在这样的境遇里，如何成长？

我也曾面临如此困境。弃"画"从"文"之后，我从观摩名师课堂录像开始，不断阅读，不断写作，不断摸索，不断"在缝隙中求发展"。虽然走了不少弯路，甚至错路，但在这个过程中，慢慢理解儿童，从而改变了班级管理理念；慢慢认识课堂，没有团队就一个人反复磨课；慢慢了解教育，用自己的力量去为学生营造一个局部的春天。

在这个过程中，我也困惑过、迷惘过、挣扎过，但这一切如今都化为文字呈现在你的面前。

写作，照亮我的教育之路——希望也能照亮你的。

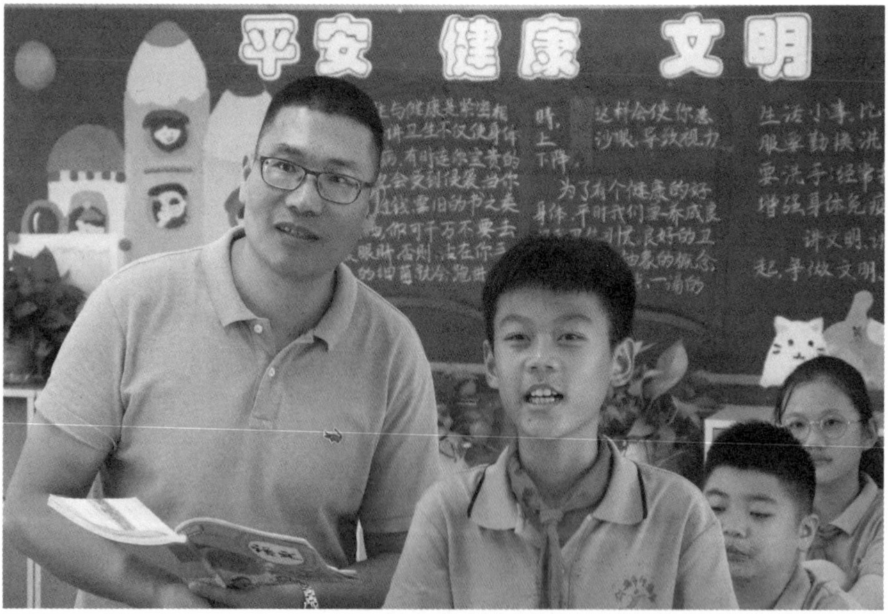
平安 健康 文明

我的"涂"画史

一

我从小就爱画画。最初画画,是在"桃花纸"(一种半透明的薄纸)上印一些课本上的插图。因为好玩,所以乐此不疲。可惜的是那时"桃花纸"不易得,只能偶尔涂鸦。

读初中时,接触了素描,临摹过一些立方体。可能是别的同学画得实在不怎么样吧,教美术的李小和老师给我作业打的分数总比别人高。由此,我对画画也就多了一分喜爱。因为这一点喜爱与特长,初中毕业我选择了读师范。在师范[①]一年级时,老师让我们报兴趣小组,我选了国画。

记得那时教我们国画的老师叫宋鸿森,是学校外聘的。宋老师教我们写意山水,从画各种各样的树开始,然后教我们画山石:什么勾、皴、擦、染、点,什么披麻皴、折带皴、云头皴、荷叶皴……最有趣味的环节是上色,一幅自己都觉得有些难看的画,一上色,就变得颇有韵味了!就这样,学画的兴致

[①] 当时考上的是浙江上虞师范学校,但实际就读于绍兴教育点,也就是当时的绍兴县教师进修学校,位于绍兴市越城区武勋坊18号。

越来越高，画画的自信在不知不觉中也树立起来了。

可惜宋老师只教了我们一个学期，之后国画兴趣小组就解散了。

二

宋鸿森老师带我进入国画的大门之后，我便开始了国画自学之路。

最初临金农的梅花。送给一个初中的同学后，她说好，还让我再给她寄几幅过去。后来临宋文治、贺天健、白雪石等大家的山水。临宋文治的山水画时最滑稽，因为他的画多泼墨，所以我也依样画葫芦"泼"一番。然后大笔挥几下，就算完工了。而这样的画当然不会得到老师和同学的肯定，但临的时候，自我感觉还是很不错的，尤其钟情那一"泼"。贺天健的画也临过一段时间，其中有一幅还送给了表哥。表哥把画贴在了自家的客厅里，一贴就是好几年。而临白雪石的画时，自己已经参加工作了。记得那时为了临白雪石的山水画，特意赶到杭州，花180元钱买了一本他的画集。这本画集到现在还是我买的所有书中最贵的一本，那时因为喜欢，所以没有多想就买了……后来，因为同镇的一位美术老师也在临白雪石的山水，我想另辟蹊径，没临多久就放弃了。

我因画画"出名"，是在读师范时学校的第一届艺术节上。我在一张六尺长的宣纸上现场临摹了宋文治的一幅《万壑松云》，一鸣惊人——整个绍兴县教师进修学校的师生都知道了"朱胜阳"这个名字。画临得好不好不说，但至少我画画时的"气场"足以给当时在场的每一个人留下深刻的印象。

三

在师范里，正式教我们美术的起先是宋鸿斗老师。虽然宋老师教我们时，素描、水彩、水粉等都有涉及，但都是点到为止，没有深入。所以我们中师班几个爱画画的同学，只好去书店买一些《石膏头像素描技法指南》《色彩起步》

等美术入门类的书籍自学，一有空就拿出来临摹。但只是临摹，而且是没有老师指点的临摹。而写生，印象中宋老师只让我们画过两次：一次是在教室内，让我们静物写生；一次是去学校附近的西小路，室外风景写生。所以，我虽然一直在画画，却没有写生经验。也就是说，我其实是不会画画的——我只会临摹。

师范三年级时，美术老师换了，是一个刚从绍兴文理学院毕业的女老师，姓沈，教我们国画。沈老师虽然年轻漂亮，但缺乏魅力，同学们都不喜欢听她的课。我也不喜欢。所以听她的课也好，做她布置的作业也好，我们班的同学都变得敷衍起来。记得一次，她让我们画工笔画，班上的许多同学都向旁边幼师班的同学借了一幅交差。所以沈老师教我们的时候，在画画方面，我基本上没有什么长进。

啰嗦这些，不想说明什么，只想说我爱画画，但我没有接受正规的画画训练，基本功不扎实。师范毕业后，我虽仍然在画国画，但基本上都是自己"涂"着玩的。因为看着画册上那些画家的画，特别是那些看起来有感觉的画，许多时候自己都有一种想"涂"的感觉。而且在"涂"的过程中或者"涂"好以后，的确有一种成就感，的确能感受到一些快乐。

四

我一直觉得自己的画画得不怎么样——现在也是。因为画画这东西，它是艺术。随便临摹一幅，或者在临摹人家的画时"用心"改变一下，那都算不上艺术。艺术它是源于生活而高于生活的。你连写生都不去，怎来的题材？怎来的灵感？不是有句话叫"搜尽奇峰打草稿"吗？只有画遍奇峰，才能厚积薄发，创作出好的作品。因此，我鄙视自己，鄙视自己画画只知道东拼西凑，张冠李戴。那样的"作品"只是在耍小聪明，根本没有融入自己的思想和感情，算不得艺术，只能说是技术。

所以说，我不会画画——因为我不会写生，不会创作，自己的画全都是临摹的，与"艺术"二字还相差很远。而且我还不会写毛笔字，画的落款都是请好友周鹏程题的。虽然也取得了些许成绩，作品多次在县级书画比赛中获一等奖，多次在《美术大观》《书与画》等省级专业书画期刊发表；指导学生画画也多次获市、县一等奖……但我这个业余美术爱好者深知自己在画画的路上已经走到头了，想有突破，堪比登天。

曾经我有一个梦想，就是考上专业的美术学院，好好学习画画。但那时候，我们读师范工作是包分配的，所以师范毕业时不能参加高考，只能工作。尽管如此，参加工作后，我还是凭借自己对画画的热爱，坚持自学了六七年。但当取得以上成绩后，我还是认清了现实……

五

我虽然觉得自己算不上会画画，但我还是喜欢画（临摹）画。因为我喜欢画画时的感觉。

在各种画中，我最爱画水彩画（但现在已经不会画了）。曾经临摹的一幅《菱与藕》，就在自己的床头挂了好几年。因为我觉得画水彩画时，很是自由，很是随意，它是心情的释放，精神的解脱。让水和颜料在纸上渗透，交融，那蓝色的是天，空白处是云，抹上一笔绿色，就算是草地，任意点缀几点红色，那便是花了……无需多少时间，也不费多少笔墨，一幅画就完成了。

作画过程中的悠闲自在，能让你忘记生活中的一切劳苦与不快。也正是这个原因，我后来爱上了刘懋善笔下的水墨江南。因为中国画本身就是水与墨的游戏，而这一点在刘懋善的画中则更为突出：执一支羊毫，饱蘸墨汁，在宣纸上轻轻地抹一笔，那便是屋顶；用水化淡后，再在宣纸上连贯着抹几笔，那便是墙了；屋与屋之间，用淡墨画一笔连起来，那就算是桥；再饱蘸浓墨，在房前随意地画几笔，那是汀；化淡后，在屋后也画几笔，那可能是远处的堤岸，也可能是相接在一起的水与天……

"笔的老辣是心灵的枯涩，墨的融化是情感的舒展；笔的清淡是一种怀想，墨的浓重是一种撞击。"就这样率性为之，让水墨交融却也层次分明。枯藤、老树、昏鸦点缀其间，和小桥、流水、人家一道组成了平和、柔美、恬静的江南水乡。

冯骥才老师说：绘画首先是为了满足自己，然后再去打动别人，取得别人的同感和共鸣。我能力有限，只能在临摹中达到"满足自己"这个境界。也因深知能力有限，所以我在2005年年初，正式放下画笔，决定做一个"小学语文老师"。读读书，写写文章，希望自己在这条路上走得更远些。

让"临摹"成为时尚

——农村小学教师跟上课改步伐的捷径

新课程改革的步伐实在太快,在短短几年中,就让课堂的面貌焕然一新。而农村小学教师由于观摩、实践的机会少,又缺乏名优教师的指导,课堂教学现状令人担忧。因此要想紧跟课改潮流,而不被潮水所淹没,教师们似乎有些力不从心,感到一种前所未有的失落和迷惘,亟待在"此事还未成追忆"之前,寻求一个突破口,更新教育理念,提高教学水平,改善生存状态。

笔者是一个喜爱书画的农村小学语文教师,也一直在苦苦思索这个问题。在书画艺术的领域里,要学书法、绘画,第一步就是"临摹"。书法从临帖、临碑开始,像《多宝塔碑》《张迁碑》和《三希帖》等都是书法爱好者的入门宝典。国画也一样,从临摹《芥子园画谱》、历代大家的画作起步。哪怕是中国画大师张大千,之所以成为一代大家,也是与他临摹历代名迹和敦煌壁画分不开的。鉴于此,针对农村小学教师所面临的实际情况和困惑,我们是不是可以走一条"临摹"名优教师课堂教学艺术的道路呢?笔者以为从以下两点中,应该可以找到答案。

柳暗花明又一村
"临摹"——改变课堂教学现状的一盏明灯

农村小学教师由于受种种客观因素的制约与影响,新课程改革对于他们来说,感觉就像是"雾里看花,水中望月"。想要理解这些新教学理念难,想要把这些理念运用到实际的课堂教学中去更难。他们希望有一双"慧眼",把课改看个明明白白;希望有一盏明灯,指明实践课改的道路。而"临摹"名优教师的课堂教学艺术,正是这双"慧眼",正是这盏"明灯"。

清代画家秦祖永在他的《绘事津梁》中曾提出:"画不师古,如夜行无烛,便无入路。"书画是艺术,课堂教学也是一门艺术。艺术与艺术之间总是相通的。而"临摹"名优教师的课堂教学艺术,毋庸置疑,是农村小学教师改变课堂教学现状的一盏明灯。特级教师薛法根就是从这条路中走出了自己的特色,打响了自己的品牌。他在《人生三堂课——我的成长故事》中提到:"我努力学习'素描作文教学理论',认真琢磨'素描作文教学的代言人'——贾志敏老师的每一堂录像课,从中提炼出作文教学的技巧和要领。我还在自己的班级里模仿贾老师的课,一节一节地上,细心体会每一个教学细节的精妙之处,揣摩贾老师点拨、评价、激励的语言艺术。渐渐地,我上课觉得有了底气,学生也有了灵气。毫不夸张地说,我的作文教学功底就是在这一堂堂模仿课中练就的。"由此可见,有了"临摹"这盏明灯,至少不会在课改的森林中迷失方向。

不畏浮云遮望眼
"临摹"——提高课堂教学水平的一块基石

"不是我不明白,而是这世界变化太快。"课改的速度是如此之快,农村小学教师想要从零开始,摸索着前进,从而来提高自己的教学水平,跟上课改步伐，这似乎很难。而"临摹"名优教师的课堂教学艺术，却为我们搭建了一个很好的平台。把全国各地的名优教师"请到家"，观看他们的教学录像和课堂实录，模仿其中一个精彩的教学片段，或是整个教学过程，甚至模仿名师的一个赏识的眼神、一个优雅的手势、一句激励的言语……

通过"临摹"，我们既增强了驾驭课堂的能力，又夯实了教学基本功。以名师的教学经验和成果为基石，建造起自己的教学大厦来。正像科学巨匠牛顿所说的："我之所以比别人看得更远，是因为站在巨人的肩膀上。"现在有了"临摹"这块基石，让我们站到了名师的肩膀上，使我们在课改的大潮中，站得更高，望得更远。

由此可见，以"临摹"名优教师的课堂教学艺术为切入口，从而来提高课堂教学水平，改变课堂教学现状，不失为一条跟上课改步伐的捷径。如果，放着名优教师的教学录像和教学实录而不去看，不去"临摹"，是不是辜负了那些名师出版课堂教学精品录的苦心呢？是不是辜负了网上那些有心人整理名师课堂实录的好意呢？因此，笔者认为"临摹"，特别是对于我们农村小学教师来说，是可行的，是有现实意义的。

老师们，一起来"临摹"吧，让"临摹"成为时尚吧！

（原载于《语文报·小学教师版》2006年1月10日）

在"缝隙"中求发展

我是一名小学语文教师,担任两个班的语文老师兼一个班的班主任,每天都被教学琐事包围着:备课、上课、改作业、辅导……感觉自己就像一个陀螺,从早转到晚。在忙碌的生活中,我觉得再不突围,终将被琐事所淹没。于是,我开始寻找"缝隙",发展自我。

一、在"缝隙"中丰富文化底蕴

作为语文教师,想要提高业务水平,首先要丰富自身的文化底蕴。于是,每天傍晚送路队的时候,我的手上多了一本《宋词诵读》,边走边背;每天课间活动时,孩子们在操场上跳绳、打球,我则在操场边上大声诵读《明清小品文》;在车站等候妻子时,总会从包里拿出一本小说或散文,一边等一边津津有味地看;甚至在睡觉前,也要看上几页书……

三年来,我背诵积累了100多首宋词、200多首唐诗,阅读了200多本书。这些积累虽不敢说丰厚,但至少让我这个语文老师变得越来越有底气。

当然,我在丰富自己文化底蕴的同时,并没有忘记我的学生。我与学生一起背唐诗宋词，一起看课外书。我影响了学生，学生也促进了我，我们获得了"双赢"。

二、在"缝隙"中记录教育思索

我常随身带着一个笔记本，随时记下点滴思索：有读书体会，有教学感悟，有班级管理经验，也有生活随想……有空时，再把这些不成文的思索串联成文，修改整理后贴在自己的博客上。

现在，这样的笔记本我已写完了三本，在我的网易博客上，长长短短的文章有200多篇了，很多刊物也刊发了我的文章。正如郑杰老师在《给教师的一百条新建议》中说的：思索是一件快乐的事。我现在已开始在第四本笔记本上记录自己的思索。

三、在"缝隙"中追求教学艺术

由于外出听课学习的机会少，平时也很少能得到其他老师的指点，自己的教学水平长进不大。为此，我想到了那些特级教师的教学录像：为什么不从录像课中学习名师的教学艺术呢？于是，在空闲的夜晚，我又多了一个"节目"——看教学录像。

一遍又一遍地看于永正的《翠鸟》，看王崧舟的《一夜的工作》，看窦桂梅的《晏子使楚》，看人教网上优秀语文教师的课堂教学视频……一边看一边做笔记，写下自己的评点，取其精华，为我所用。

我渐渐发觉，自己的教学水平在一点一点地提高：从以前的默默无闻，到县级课堂教学比武中崭露头角……

回首这三年的教学生活，很忙，也很累。幸运的是，我没有被琐事淹没，而是找到了发展的"缝隙"，并在"缝隙"中发芽、成长。

（原载于《小学教学·语文版》2009年第1期）

一切，都是为了证明

2008年12月27日的《教育信息报·教师周刊》① 从29日收到到现在，我已经看了N次了——因为上面有我的文章《"读"过十年，"阅"有滋味——一个农村教师推广儿童阅读的探索及面临的问题》，5235个字被全文刊载，而且这篇文章还获得了第三届《教师周刊》读书征文比赛一等奖。我心中的又一个梦想——在《教师周刊》，这份我们浙江省最权威、影响力最大的教育类报纸上发表文章，就这样实现了。内心除了喜悦，还是喜悦！所以今天晚上，我又拿出来看了……

或许在别人眼中，我这样的行径似乎是"心理有问题"。这我不否认。但从心理学上分析，我这样非同寻常的"喜悦"表现，都能够在我以往非同寻常的人生经历中找到答案。

读小学时，我不是老师眼中的好学生。上课不专心听讲，不爱做作业，不听从老师的教导，经常与同学打架，等等。所以小学六年，基本上没有一个老

---

① 《教育信息报》即现在的《浙江教育报》。

师看得起我，喜欢我。虽然我也想做一个好学生，但从来没有一个老师给过我改过自新的机会，即使有，也因为没有耐心等待，而最终选择了放弃。其中许多的故事，我已经写进了《我本顽劣》中的"我的老师系列"。所以那时，我很想做一个最"坏"的学生。原因很简单，我做不了老师心目中的好学生。进入初中后，也是如此。记得那时的班主任魏老师称我是"绍兴师爷"，可见我在他心目中的形象是如何的。后来读师范了，我各方面的表现依然故我。记得那时班主任陈老师对我说：朱胜阳，你参加工作后，是不可能取得像我这样的成就的。（大意如此）记得我的班主任那时好像是省教坛新秀……这就是读书时的我，读了十二年书只拿过两张奖状的我——小学三年级一次和初中一年级一次，而且都是学习进步类的。（师范二年级虽然也拿过一次三等奖学金，但那次没有奖状）综观整个读书生涯，基本上没有一个老师肯定过我，他们都看不起我，甚至非常讨厌我——因为班级中如果没有我，那会"太平"许多。

1998年，我参加工作了。但作为一个新教师，在一次又一次机会面前，我都让领导和同事失望了。一年又一年，比我迟参加工作的老师都赶到我前面去了，但我还是无动于衷，浑浑噩噩，没有理想、没有目标地做老师。身边的领导没有一个看好我，基本上已经认定我是一个没有出息的人（因为读书时，就听洪钰铨老师说过，一个新教师，如果在三年之内没有崭露头角，那么他今后的教书生涯将在默默无闻中度过），他们都看到了我的未来。而我就这样一直过了七年。七年中，我工作上一事无成。原本就不自信的我，此时变得更加自卑。

正因为如此，所以从小到大看得起我的人，很少，真的很少。只有父母觉得我很"特别"。可以说，27岁以前，我活得太失败了，一直生活在自卑的阴影中。而27岁，是我人生，也是工作的一个转折，那一年我结婚了。结婚后的我，再没有恋爱、装修、结婚等琐事的烦扰，静下心来思量：我人生的理想到底是什么？我工作的追求到底是什么？我到底想成为一个怎样的老师？由此，我终于找到并确定了此生的奋斗目标——做一个优秀的小学语文老师——

最大限度的"优秀"。我要做，做人家做到的；我要做，做人家没有做到的；我还要做，做人家不能做到的……因为我要证明我的价值。

当然，我对自己的水平还是有自知之明的。第一，我语文底子薄。我是一个读书时从来没有认认真真听过一堂语文课的人——师范毕业时，我连什么是散文，什么是杂文都分不清楚，所以肚子里的墨水相当少。这样的我却偏偏选择了教语文，可知我是多么的愚蠢。但我想，在小学，没有比把语文教好，做一个优秀的语文老师，更能够证明我的价值的。第二，我天资愚笨。我很清楚自己并不聪明，而且我的记性也很差——汉语言文学专业自学考试考了N次，一门都没有及格，最后大专文凭是函授出的。实事求是地说，在教师队伍中，我的智商最多只能算是中等水平。无论管理班级、解读教材、设计教案、上课，还是写论文、案例，等等，我都比不过身边的许多老师。

但天道酬勤，再没有天赋的人，如果认准了自己的目标，去努力奋斗，也终会有自己的收获。路程＝速度×时间，这里，想要实现你奋斗的目标（路程），速度（聪明）并不是唯一的条件。我速度（聪明）不如人家，就跟人家比时间，看谁跑的时间长。从2005年年初到2008年年末，我整整走了四年。四年中，我给自己设定的小目标一个接着一个在实现：发表一篇文章，发表一篇1000字以上的文章，发表一篇2000字以上的文章，发表一篇字数更多的文章；在报纸上发表，在更权威的报纸上发表，在杂志上发表，在更专业的杂志上发表；获一个县二等奖，获一个县一等奖，获一个市一等奖，获一个省一等奖……因为我不优秀，因为我不是很聪明，因为我一直失败，因为我一直被人看不起，所以当我的第一篇文章发表后，特意拿了这张报纸到同学钱建军家去给他看，告诉他，我也有文章发表了；所以当我以后每一篇文章发表后，我都会拿给身边的同事看，告诉他们，我又有文章发表了；所以当我这篇《"读"过十年，"阅"有滋味——一个农村教师推广儿童阅读的探索及面临的问题》在《教师周刊》发表后，我特意发了一个短信给我的好友，跟他说我的文章发表了，五千多字，非常痛快，痛快得想哭……请原谅，原谅我这种小人得志想衣锦还乡的病态心理。

　　四年下来，我终于得到了身边一些老师的肯定。第一个说我是个"读书人"的人是周炳炎副校长；第一个说要向我学习，建立博客写写文章的人是孙纪君副校长；第一个在其他老师面前夸我，说要向我学习的人是赵国龙校长；第一个夸我有前途的人是刘发建老师，他在陈金铭编辑面前说：胜阳是一个很有前途的老师，他发表了很多文章，而且他是没有师父带的……得到这些人的肯定，我很高兴，因为在此之前的 27 年中，我从来没有听到过类似的话。在新的一年——2009 年开始之际，我会继续努力，继续奋斗，向"做一个优秀的小学语文老师"的目标继续前进。

　　就算不能证明我可以，那也要证明我不可以。

附：原刊编后记

　　编辑朱胜阳老师的这篇文章时，想起鲁迅的一句名言："'不耻最后'，即使慢，驰而不息，纵会落后，纵会失败，但一定可以达到他所向往的目标。"作为一名语文教师，我们都知道教师提高学科专业水准的重要性和必要性，但轮到自己身上可能又会有诸多的借口：我都"奔四"的人了，乡音难改，还学什么普通话呀！我的字定型了，练什么字呀，就别难为我了！我这死脑筋，哪是写文章的料哇……诸如此类的想法萦绕在很多老师的脑海中，以致在语文教学的十字路口徘徊不前。相信看了朱老师的《一切，都是为了证明》，也许会鼓起你证明自己实力的勇气，昂首阔步在语文路上。（特级教师　高学雷）

（原载于人教网网刊《畅想语文》2009 年第 3 期）

阅读，从"常识"开始

我不知道身边还有没有这样的人——从识字开始到27岁，除了读过几本小说（武侠小说占多数）外，基本上没有读过其他书籍，而且在读书期间，同样没有好好学习。我想，这样的人可能没有吧！如果有，假设有一天他想丰富自己的文化底蕴，让自己的精神发育，那他将如何规划自己的阅读旅程呢？这，我不好再作假设，只能说我自己恰巧就是这样一个人，而我的阅读之旅，是从读"常识"开始的。至今虽然已经四五年了，但我仍然阅读着一些"常识"类书籍。

2005年，我27岁。我人生真正的阅读，是从这一年的一月开始的。当时因为自己看的书少，不知道应该看些什么书，哪些书好，同时身边也没人介绍，所以那时我看得最多的仍然是小说，如《狼图腾》《三国演义》等；其次是散文，如《文化苦旅》《梁实秋散文精选》等，同时还接触些儿童文学作品。后来，因为实在不知道该怎么丰富自己的文化底蕴，到底该看些什么书，便买了一套上海著名中学师生推荐书系来看。我想，我没读过高中，读师范时又没有好好看书，这书既然高中生需要看，那我就更应该看了，于是便开始翻起来。几本看下来，感觉这套书自己选对了，的确很好看。记得看其中梁衡写的那本《把栏杆拍遍》，看写李清照的那篇《乱世中的美神》时，我竟然感动得痛哭流涕……也是从这套书开始，我阅读一些推荐给中学生看的书，像《谈美书简》《边城》《苏菲的世界》《渴望生活·梵高传》等。而这时我还不知道自己有多么无知，直到一位朋友推荐我看了《易中天品读汉代风云人物》之后，我才慢慢地发觉了……

起初，我看完《易中天品读汉代风云人物》之后，也没什么感觉。但不久在看易中天的《品三国》时，我深深地被三国这段历史吸引了，原来历史也会如此有趣。由此又不由自主地想到了其他的朝代，从夏、商、周开始到唐、宋、元、明、清，我对中国古代各个朝代的历史了解多少呢？这个问题不想没感觉，一想吓一跳，我对这些"常识"真的是知之甚少。意识到自己的无知之后，我便开始疯狂地阅读与历史相关的书籍，《万历十五年》《复活的历史·秦帝国的崩溃》《细说隋唐》《一口气读完大清史》《帝国的惆怅》等。由于我对许多历史人物的认识也非常浅薄，从而再读《康震品苏东坡》《正说中国二十帝》《品中国文人》《流血的仕途》《西风独自凉》等。记得一次跟一位朋友聊天聊到曾国藩时，我竟不知道曾国藩是谁，事后我便特意找来长篇小说《曾国藩》来读。

也正是在阅读这些书籍的过程中，我越来越清醒地意识到自己无知的程度有多深。我不知道佛教常识，于是便读《一口气读完佛教史》《佛教十五题》《佛教常识问答》《故道白云》等；不了解金融，便找来《货币战争》《中国怎么办——当次贷危机改变世界》学习；没看过王小波的书，就读王小波，听说龙应台的文章很好，就读龙应台……从 2005 年至今，虽说也已经有三四百本书看下来了，但奇怪的是，我书看得越多，反而感觉自己越无知。所以年前朋友问起最近在看什么书，我说我在看《希腊古典神话》——这本现在的小学生都在看的书，因为我还需充实我的"常识"。

（原载于《青年教师》2010 年第 4 期）

赛课之外有条路

一

"我们的时代是需要名师的时代。"杨再隋教授多年前发出的这声呐喊至今仍在耳边回响。现实中,大多数教师初为人师时,心中都有一个"名师梦"——希望有朝一日能脱颖而出,成为名师。但随着时间的推移,心里梦的火焰越来越微弱,直至熄灭。于是,不再有梦的我们,开始蹉跎岁月,把教书当成谋生手段,不再发展自己,不再享受课堂,不再反思教学,也不再关注学生的成长……用商友敬老师的话来说是成了"可怜的口力劳动者"。这样的教育教学生活毫无诗意、毫无幸福感可言,不再有梦的我们再也没有激情和动力去改变现实。

"没有梦的人生是更加没有意义和价值的。"(钱理群)那么,究竟是什么熄灭了我们心中的"名师梦",让我们的专业发展就此止步?

二

解答这个问题之前,我们先来回答另一个问题:名师是怎样"炼"成的?

答案有很多。如"是因为他们有高尚的人格、敬业的精神、博爱的情怀和很高的专业素养，等等"，或者说"名师之所以会成为名师，是源于他们对事业的执着追求和不懈努力，源于他们对语文教学的痴迷和对儿童的关爱，等等"，这样的回答很正确，也很理性，都是专家们高度概括出的名师的共性。纵观当今小语界名师，他们身上的确有这些特点，用成尚荣老师的说法是"名师的基质"。但在解读与比较当今小语界名师"成名"历程的过程中，我们还能发现另一点共性：这些名师的"成名"都跟赛课有关，基本上都是从赛课中走出来的。通过赛课，他们或一课成名，或名气由小变大。这样的例子可以举出很多，包括自己县里、市里的一些名师。这一串串名字，经过一次次赛课，走到我们面前，成为普通老师眼中的名师。

因此，给我们普通一线教师的感觉是：想要成为名师，你必须经过赛课，县级、市级、省级，一直到国家级，你在哪一级胜出，就是哪一级名师。而赛课也成了打造名师、孕育名师的摇篮。

三

那么赛课究竟是一条怎样的路呢？先从什么是赛课说起。在我眼中，所谓赛课，通俗地讲就是课堂教学比武，看谁的课上得好看、精彩。从比赛的内容上分，一般有各级优质课评比和其他各种形式、各种主题的课堂教学评比等。如果从1989年全国首届小学语文中青年教师阅读教学比赛开始算起，赛课至今已有30多年的历史。一般来说，赛课从校级开始，胜出的老师参加更高一级的比赛，通过一轮又一轮的比赛来选拔优胜者，最终参加国赛。

从这个过程看，赛课无疑是一条充满艰辛的路。一路上你必须披荆斩棘，过五关斩六将；你还将茶饭不思，辗转难眠，为"课"消得人憔悴。它还是一条残酷的路，因为每一级比赛，最终都只有一位教师晋级，而其余参赛者只能淘汰——哪怕你也是一等奖。由此可见，赛课成全了千分之一甚至万分之一的教师，却淘汰了剩下的所有教师。这种以丛林法则成就名师的方式，代价太大、太残忍。都说条条大路通罗马，但在小语界想实现专业成长，成为名师，路只有一条——赛课。其实，路艰辛一点无所谓，世上没有一条路是平坦易行的，怕就怕这条路看似有希望、走得通，实际上它却是死路、绝路。而赛课对于我们广大一线教师来说，恰恰就是这样一条"绝路"。

此外，赛课看起来是一条公平公正、用实力说话的路，实际上也有它不公的一面。在赛课机会方面，中心小学教师比完小教师多，城区小学教师比农村小学教师多，有"背景"的教师比普通教师多……另一方面，现在的赛课，从某种意义上讲，它赛的已经不是参赛者个人的水平，而是整个团队的水平。如果你拥有这样一个团队，那么资料搜集、教案设计、课件制作等根本不用你操心，你只要熟悉教案，到时在台上"演"一遍就行——这已经成了公开的秘密。那么，如果背后没有这样的团队呢？这一点我们农村一线教师深有体会。这种种"坚硬的外壳"让我们广大一线教师难以突破，因为这些都不是靠你一己之力能解决的，以至于当有赛课的机会时，经常会听一些老师说："这样的机会怎么可能轮到我呢？"

我这么说不是想全盘否定赛课，毕竟通过赛课的确成就了一大批名师。我想说的是，通过赛课，在成就少数名师的同时，却让绝大多数普通教师可悲地成了陪衬，成了"牺牲品"。在现实生活中，我们既讨厌赛课，又不得不依赖它——因为这是教师专业发展、成为名师的唯一途径。它犹如一副无形的枷锁，牢牢地锁住了我们每一位普通教师专业成长之路。

四

我是一名普普通通的小学语文教师，提高自己的专业水平、成为名师，也曾是我人生追求的理想与目标。但几次赛课失利，让我心中梦的火焰越来越微弱。心有不甘的我不断地诘问自己：难道就准备这么结束我的专业发展之路？

难道我的教师生涯就准备这么度过？如果不想就此罢休，打算继续上路，那么，属于自己的专业发展之路又在何方呢？……这一个又一个问题不断地敲打着我的心门，让我困惑，让我迷惘，也让我寝食难安。

我想，这些问题不仅仅是我一个人的问题，应该也是绝大多数被筛选下来的普通教师的问题。敢问适合我们的专业发展的路在何方？虽然我们一直苦苦地在追寻、在努力，想找到一条赛课之外的通往名师的路，但一直无果，犹如在漆黑的夜里行走，找不到方向，也看不见希望。如果说一部分老师是因为看到赛课这条路太窄，通过的人极少极少而搁浅自己的梦想，那么又有一部分老师是在寻找新路的过程中，无奈地放弃了自己的梦想。

真的没有其他路可走了吗？直到我看到刘发建老师——

刘发建，笔名落地麦，湖南炎陵人，全国语文名师。《语文教学通讯》《小学语文教师》《新教育》等杂志封面人物。从教三十一年，长期致力于小学语文课程开发与建设，在鲁迅启蒙教育、汉字文化启蒙、名家经典阅读、儿童写作等领域有较深入的研究。先后有《狼牙山五壮士》《我的伯父鲁迅先生》等五个课堂实录刊发于《人民教育》。出版《亲近鲁迅》《落地麦田野课堂》等教学著作。编著《小学生鲁迅读本》《跟着名家学语文》等书。

这才发现教师成长、发展的路，原来还有一条……

五

刘发建老师走的究竟是一条怎样的路呢？这条路真的适合我们每一个老师走吗？对于这一点，周一贯老师在《语文课堂的田野性格》一文中，对刘发建老师所走的这条路有一段很形象、很到位的描述，他说：

这是一位名不见经传，也未在大型观摩课堂上露脸的农村青年教师，只是常年默默耕耘在小学语文的日常课堂上。有人会觉得这是一个奇迹，但在我看来却很正常。青年教师用心于日常的课堂教学，正是他们专业成长的康庄大道。我无意贬低公开课的教学研究价值，但它毕竟是在非常时间、非常空间、由非常老师和非常学生组合而成的"非常课堂"。而日常的课堂却是教学原生态的自然存在，它具有许多天然合理的健康基因——它没有公开课那样非常的境况和太多的负担，师生真实地投身于教学活动之中，不会受太多功利干扰，因而这样的课堂往往是真诚、自然、朴实、简约的。应当说，日常的课堂正是青年教师赖以扎根的肥沃田野。刘发建语文课堂的动人之处，也正是那种基于日常课堂优秀品质的田野性格。

　　从以上这段话中我们可以清楚地看到，刘发建老师是从日常的课堂教学中走出来的，这是一条完全与赛课相反的路，也是一条更适合我们一线教师专业成长的"康庄大道"。如果说赛课是通过课堂历练来成就自己的专业成长，那么刘发建老师同样也是用自己的课堂——日常课堂，向世人证明：用心于日常的课堂教学，同样能走出一条促进教师自身专业发展的道路（其实这才是教师专业成长的真途径）。他在教学《狼牙山五壮士》的时候，思考的是"我们要引导孩子牢记这样的历史，更要引导孩子面向和平，播撒和平的信念"；他教《我的伯父鲁迅先生》思考的是"可爱的鲁迅为何一直是那样冷冰冰地高高在上"；他教《将相和》时，思考的是"如何撩拨起孩子心底对民族历史和鲜活人物的浓浓兴趣，如何让孩子体验到亲近母语的生命快感"；他上《尊严》一课时，思考的是"要让学生得到启蒙，一种生命的启蒙。只有每一个孩子认识到生命是有尊严的，我们的教学才获得最本质的意义和价值"……所以刘发建老师的课很难模仿，因为里面没有技巧，有的只是思考。通过他的课，我们只能看到一个独立思考的教师和一个教师的独立思考。正因为如此，他的课与那些比赛的课（公开课）不一样，给我们更多的是一种唤醒和启发，让我们以同样的姿态去思考自己的每一堂"家常课"。

　　这是刘发建老师自己走过的路，也是指给我们的路。这条路很公平，是真正面向每一位一线教师的；这条路很宽，再多的老师去走，也不会感觉拥挤；这条路没有时间限制，只要你愿意，每天都能上路；这条路历练的机会很多，每天都可以研究课堂，反思教学……总之，这条路让我们普通的一线教师看到了希望，重新燃起了梦的火焰。只要我们像刘发建老师一样，默默地耕耘在自己的课堂上，认真地去反思自己的家常课，爱儿童，从儿童的视角来看问题，我们同样可以成为名师。

六

这个时代虽然需要名师，呼唤名师，但绝不是一两个，而是越多越好，最好是人人都成为名师。因为中国小学语文教育事业的发展，靠的绝不是金字塔顶端的这些名师的几堂公开课、几次讲座、几个理念，而是金字塔底座的千千万万个普通老师的千千万万节普通的家常课，以及比这更多的对每一堂课的反思、尝试与再反思、再尝试。

幸运的是，如今像刘发建老师一样非赛课出身的名师正逐渐增多。如致力于传统语文教育教材研究的丁慈矿老师，坚持带领学生从一年级开始就进行高品位的阅读的薛瑞萍老师，"小语界第一读书人"冷玉斌老师，等等。正是他们，让千千万万个一线教师看到了希望：我们可以扎根日常课堂，享受课堂；我们可以高品位地带学生阅读；我们还可以努力做一个"读书人"，以此来反哺学生……若每位一线教师都能找到自己的兴趣所在，以此来教书育人，那我们离幸福的职业人生也就不远了。因为此时，你已经找到了作为教师的意义与价值，是否成为名师，已无关紧要。

没有绝招，只有理解

自己教了十多年的书，也当了十多年的班主任。虽说做班主任的时间已有些"长度"，但这么多年下来仍谈不上有什么"厚度"。对于班级这个"家"，最初时只是简单地野蛮地让家庭成员怕，但慢慢地发现这招并不管用。后来也尝试过许多方法、手段来管理班级、"对付"学生，可是效果仍然不理想。虽然如此，但日子仍在过，班主任仍在做，与学生的交往也仍在继续。随着时间的流逝，我慢慢地发现：其实面对班级、面对学生，我们并不需要那么多的方法、策略，甚至绝招，我们需要的仅仅只是理解——对学生（儿童）的理解。做到了这一点，许多问题都迎刃而解，而班主任工作也变得"好玩"起来。

新接手三年级一个班，孩子们很调皮，也很有趣，故事自然也特别多。

"花样"步伐

说去参观学校的越文化博物馆，孩子们欢呼雀跃，马上到教室外排好队伍。"出发！"一声令下，孩子们便迈着整齐的步伐向操场对面的博物馆走去。

走着走着，便有几个孩子的脚步变得特别起来。有迈着外八字、屈着腿，像鸭子一样蹒跚着向前走的，有把手搭在前面同学肩上一起走的，也有走着走着便去踩前面同学脚后跟的……刚想说这些孩子几句，但一看到他们脸上洋溢的笑容，便止住了。是啊，这些是孩子呀！除了孩子，还有谁会这样走路？这些特殊的走路姿势，不就是孩子们童心童趣最真切的表现吗？也只有孩子，走路才会走出这么多的花样来——这些花样是孩子们的专利。整齐划一的步伐属于军人，不属于孩子。想到这些，孩子们的这些与众不同的走路姿势便显得自然、舒服了。就让孩子们按自己喜欢的样子继续向前走吧！

吟诗运动两不误

下课了，孩子们涌出教室开始活动。跳绳的跳绳，打球的打球，女孩子则跳起了橡皮筋，边跳边嚷嚷着："小燕子飞，五阿哥追，聪明的尔康抱紫薇，皇上喜欢小香妃，柳青金锁是一对……"念起来挺顺口的，还有点押韵，但我听上去总觉得不怎么顺耳——三年级的小学生说这样的顺口溜不合适。那怎么跟孩子们说呢？难道是批评她们一顿？这不是上策。因为孩子们这样说无非是出于好玩，说这些对不对、能不能，她们应该是不知道的。鉴于此，与其批评不如引导，让她们边跳边诵读古诗吧！想到这里，我便走到孩子们中间。

"孩子们，你们能不能把跳橡皮筋时说的顺口溜改一下，改成古诗怎样？比如我们刚学过的《夜书所见》——萧萧梧叶送寒声，江上秋风动客情……看能不能跟上你们的节奏？"

"好！我们试试。"说着孩子们便跳了起来，"萧萧梧叶送寒声，江上秋风动客情。知有儿童挑促织，夜深篱落一灯明。萧萧梧叶送寒声……"

"朱老师，配得上的，说起来也很顺口。"看着孩子们得意的样子，我也很得意，说："孩子们，那你们以后跳橡皮筋的时候就诵读这些古诗吧！既做了运动,也背了古诗,一举两得!"

于是在接下来的课间活动时间里,再也听不到"小燕子"了,取而代之的是一首首经典的古诗——"独在异乡为异客,每逢佳节倍思亲……"不要以为她们在背古诗,她们是在跳橡皮筋呢;也不要以为她们是在跳橡皮筋,她们是在背古诗呢。

西瓜虫的故事

"朱老师,宋梁富和蒙国乘在花坛里捉西瓜虫呢!"大课间活动时,学生叶大炜跑过来向我告状。西瓜虫?好有趣的名字,不但自己小时候没有玩过,而且连听也没有听说过。怀着好奇心,我随叶大炜一起走到花坛边。果然,宋梁富和蒙国乘还趴在花坛边上捉虫子。

"宋梁富,让我看看你捉的西瓜虫。"宋梁富见我在叫他,便惴惴不安地走到我身边,一双大眼睛眨巴眨巴地看着我。

"你的西瓜虫呢?"我又问。宋梁富便向我摊开了手掌。只见他的手心中有两个毛豆般大小的黑乎乎的小圆球,上面还有一道道灰白色的条纹,样子看起来还真像小西瓜。

"宋梁富,它的头在哪里呀?"宋梁富见我并没有批评他,而且对西瓜虫好像还很感兴趣,便大胆地向我介绍起来。"朱老师,它的头藏在里面呢。因为只要我们碰它一下,它就会蜷成一团,圆圆的,很像西瓜的样子,所以我们叫它西瓜虫。"原来如此,好形象的名字呀,也只有孩子取得出来。这时,蒙国乘也已被同学叫到我身边。"蒙国乘,你的西瓜虫呢?"蒙国乘见宋梁富没有被批评,便大胆地走到我跟前,撑开上衣的口袋说:"我把它们都藏在口袋里了,我捉了五个。"我探头向里一看,果然口袋里有四五个小圆球,有一只已经沿着袋口爬了出来。这时候,我看清了它的真面目:一对短短的触角不时地摆动着,七八对小脚迅速地挪动着。蒙国乘见它要爬出来,便用手一拍,西瓜虫又蜷成一团落入袋中。孩子就是孩子，要是我们大人，无论如何也不会把这样的小爬虫放在自己的衣服口袋里，这样的小虫子光是看看，就已经让人出一身鸡皮疙瘩了。但孩子们却不这么认为，他们不觉得恶心，也不会觉得肮脏，只是觉得有趣与好玩——只要碰它一下，它就会蜷成一团，而且还不会咬人，放在手心让它爬的时候，痒痒的，感觉还很不错。

尽管如此，我觉得把西瓜虫放在衣服的口袋里，总不怎么好。而且女同学对它们并不像男同学那么感兴趣，她们是比较怕这小虫子的。于是我把全班同学叫到身边，对他们说："同学们，西瓜虫你们可以捉，可以观察，但有一个条件，就是不能把西瓜虫带进教室，更不能拿西瓜虫去吓唬女同学。能做到吗？""能！"男同学喊得特别大声。好几个男生见我不反对他们玩西瓜虫，刚才宋梁富与蒙国乘两个同学也没有被我批评，于是大胆地跟我聊起西瓜虫来。

"朱老师，西瓜虫在早上特别多，但到了下午就找不到了。"王昊说。

"是因为下午的气温高了，所以西瓜虫都躲起来了。但不知它们躲到哪里去了。"叶大炜补充道。

嗨！这小子，刚才还到我这里来告状，原来他自己平时也在玩呀！

"朱老师，西瓜虫这个花坛里最多，操场对面的草坪里我们也看见过，但是不怎么多。"王昊争着说道。

……

这群"调皮佬"，关于西瓜虫的种种知道的还真不少。（后来我通过网络，得知这种虫学名叫潮虫，又叫鼠妇，在南方也叫西瓜虫、团子虫，属无脊椎动物节肢动物门甲壳纲潮虫亚目，是龙虾的近亲，常能蜷曲成团。它们都生活在潮湿、温暖以及有遮蔽的场所，昼伏夜出，具负趋光性。这群孩子观察到的基本上与这则资料相符）看来，允许他们观察西瓜虫这个决定，还算是明智的。谁让他们是孩子呢？谁能肯定这群孩子中没有法布尔，没有达尔文呢？再说，谁的童年没有这样的小虫——知了、螳螂、天牛和蟋蟀的相伴呢？也正是有了这些小虫的相伴，孩子的童年才更加多彩，更加快乐，也更加完整。所以，就让孩子们去玩吧，在玩中观察，在玩中发现，在玩中享受童年的幸福。想到这些，一切都释然了。

第二节是语文课，正当我上得投入时，突然蒙国乘的同桌尖叫起来："啊……朱老师，蒙国乘的西瓜虫爬到我的桌子上来了！"原来蒙国乘因为喜欢，还是带了几个西瓜虫进教室，放在他的文具盒里。当课上到一半的时候，不听话的西瓜虫就爬了出来。这孩子，真拿他没办法。"蒙国乘，赶快把西瓜虫拿到花坛里去放掉！"我话音刚落，蒙国乘便拿着文具盒，窃笑着跑出了教室……

后记

这样的故事还有很多很多，基本上每天都会有新的、更有意思的故事发生，等待我去处理。有时候，我真为自己是一名班主任而感到幸福，因为我与孩子们有这么多有趣的故事。而人生就是由故事组成的，有故事的人生是快乐、充实的人生。但如果对于这些故事，我们班主任只是简单地以成人的眼光去看待和处理，那么你在失去一次教育孩子的机会的同时，也失去了一个美丽的故事；还会觉得孩子们特烦人，觉得做班主任特累，根本没有诗意可言。可如果你有一颗童心，用孩子的眼光去看待他们的做法和犯的错误，就会觉得他们是那么天真、可爱、活泼、有趣，而做班主任的幸福与快乐也随之而来……

怀有童心，解放儿童；享受教育，幸福彼此。这是我做了十多年班主任的心得，也是我班主任生活迈向诗意与幸福的密码。如果你问我，我做班主任的看家本领是什么，我想，这就是吧。如果你再问我，咱家的孩子与别的孩子有什么不一样，我想，唯咱家的孩子更本色而已。

（原载于《班主任之友》2010年第4期）

"教育,就是让我把曾经需要的给学生"

一

刊载在 2009 年第 8 期《读写月报·新教育》上的《插班生林可树》终于看完了。虽说在没有拿到这期杂志之前,我也像杨聪老师那样理解和关心学生,同时也经常记录与学生的故事;虽说杨聪老师在里面说的许多话,也正是我现在常跟身边的老师提起的;虽说现在杨聪老师思考的一些问题,我也意识到了,同时也在反思……但在看的过程中,我还是不断地被杨聪老师的所作所为感动,不断地产生共鸣,也不断地随手在页边写下感受。就在将要看完放下杂志之时,我读到了杨聪老师这篇教育叙事的最后一句话——

我曾经也是学生,也渴望着老师的沟通、理解、鼓励、宽容和赏识……教育,就是让我把曾经需要的给学生!

我哭了,号啕大哭。熟睡的妻子被我突如其来的哭声惊醒了,问我怎么回事。是啊,怎么回事?有谁能体会我此时的心情?有谁能明白我此时的感受?我只感觉那块一直压在心头的坚冰,此时化作泪水涌了出来——我解脱了!我跟妻子说,我读到了一句话——"教育,就是让我把曾经需要的给学生",想不到我一直在做的就是这个呀！

二

每一位老师都想成为一名好老师——一位受学生欢迎的老师，我也不例外。从1998年开始教书，我就一直在努力（最近五年特别用功，学生也越来越喜欢亲近我了）。但我想成为一名好老师的出发点非常"阴暗"——我是为了"报复"，或者说是"报仇"。因为我读书时是一位特别顽劣的学生，除音乐、美术老师和不是班主任的数学老师稍稍对我有点好感外，其他老师基本上都讨厌我，特别是班主任——从幼儿园开始到师范毕业，没有一个班主任喜欢我。在我的读书生涯中，基本听不到表扬，也得不到关注，关心就更不用说了。我很清楚这些教我的老师把我划在哪一类学生中。但难道像我这类学生就不需要老师的表扬与鼓励吗？就不需要老师的理解与宽容吗？所以现在自己也当老师了，我就想要"报复"——做一位好老师：以前教我的那些老师越是对我不好，我现在越是要对自己的学生好；以前教我的老师不关注我这类学生，现在我越是要关注班级中那些其他老师很少去关注的学生。可以说，是"恨"的力量在不断促使我去"爱"自己的学生。感觉很别扭，但我的确是这样一种心态。这也正是身边的一些老师问我为什么能坚持不懈地阅读、写作、思考，我回答"我与你们的经历不一样"的原因。

我的经历，造就了我对学生"病态的爱"。

三

随着时间的流逝和自己不停的付出，学生越来越喜欢我。我也在与学生相处的过程中，找到了做老师的快乐与幸福。但随着相互之间的关系越来越融洽，我的心不知怎的，越来越感到不安。特别是这个学期，我在新的学校，接了一个新的班级,这班学生很喜欢我。但他们越是喜欢,我越是感觉难受、压抑,好像有块沉重的坚冰压在心头,就是不肯融化。

我想可能是我对学生的"爱"的动机不纯所导致的吧!但我又想不出为自己开脱的办法。相反,越是思考这个问题,感觉自己越是卑劣,而心情也越是压抑。看着学生们那天真无邪的笑脸,我甚至有点不敢面对他们了……

日子一天天过去,心头的这块冰也越结越厚,越来越重。我找不到出路,我被困住了——被自己埋下的"恨"给困住了,直到看到这句话……

四

"教育,就是让我把曾经需要的给学生。"

回想十多年的教书经历,我不就是这样在教自己的学生吗?自己古诗词积累得不多,就让自己的学生多背古诗词;自己书看得少,就建立班级图书角,让自己班的学生多看课外书,从小爱上阅读;自己字写得差,就让学生买来字帖,与他们一起练字;自己读书时不受老师关注,现在就多关注班级中的每一位学生;自己读书时老犯错误,得不到班主任的宽容,现在学生犯错时,我会多想想当年的自己,多站在学生的角度来思考他们的错误……现在,心头的那块坚冰终于融化了。但我想,与其说这块坚冰是被杨聪老师这句话融化的,不如说是被学生对我的爱与信任融化的。

当写下这些文字的时候,我再一次——解脱!

可怕的"答案"

去三年级上体育课①，走进教室，学生还在埋头抄写着屏幕上的内容，老师见我进来了，提醒学生快点抄。我看了一下屏幕，原来是科学作业本上习题的答案——一个维恩图，记录大树与小草的相同点和不同点。学生看着屏幕，规规矩矩地把答案抄到作业本上。

看着这一幕，我不禁想：这样做，学生作业本上的作业的确都做对了，老师改作业时也方便多了，但学生对自然的观察能力有没有得到培养，对自然的好奇心有没有得到激发，对自然的探究热情有没有得到发展呢？因为我不知道这位老师这节科学课之前是怎么上的，所以不敢妄下定论。只是想，如果这课自己上，我一定会带着学生去操场上走一圈，观察一下大树，也观察一下小草，看看它们生存的环境是怎样的，它们的外表又有什么特征，等等，然后大家回到课堂再来说说大树与小草究竟有哪些异同……

体育课结束后，我特意找来三年级的《科学》课本和《科学》教师教学用

---

① 兼任体育老师。

书，发现自己的教学思路基本上与教师教学用书提出的教学思路一致。只不过教师教学用书把观察大树和小草放在课前，但在课堂上还是要仔细观察狗尾草实物。之后，我又特意去问另一位科学老师，问这课《大树和小草》她是怎么上的。

她说她在课前先布置观察作业，让学生去观察大树和小草，上课时便让学生来概括，说说大树与小草之间的异同。但一般学生的表述与教师教学用书上的表述有些距离，所以最后她会把大树与小草的异同一一在黑板上写出来，并让学生记住——因为要考试。她说学生其实是很喜欢上科学课的，但为了考试，只能把这些标准答案告诉学生，让学生死记硬背、牢牢记住。再怎么枯燥、乏味也没办法，因为这是学生考试取得好成绩的前提和保证。所以这些答案就成了平时教学的重点，到期末考试前，再把这些答案浓缩在一张 8K 纸上，继续让学生反复背诵、记忆。而观察与实验等动手操作的项目，平时教学时能省则省，只到期末说要进行科学实验抽测时，老师才把相关科学实验给学生强化训练一下——这样的实验纯粹是为了应付考试，根本不会在乎培养学生的观察能力、好奇心和探究热情等科学素养。

科学课不应该这样，但现在科学课偏偏就是这样。专职科学老师的课可能好些，但在考试的束缚下，也好不到哪里去。那造成这样的现状是谁的错呢？是教师吗？我不知道。我只知道这些非科学专业的科学教师，这些都身兼语文或数学的科学教师，这些自身都缺乏科学素养的科学教师，无法也无力承担这样的重责。那么是校长吗？我不知道。那么是学生的家长？还是上一级或更上一级教育部门的领导？我不知道。我只觉得造成今天这样的局面，教师、校长、教育部门领导、学生家长……都有不可推卸的责任！

前几天我给学生讲《同步练习（语文四年级上）》时，单元自测 2 中有一个练习题，让学生照样子，扩写句子，如把"那些叶子很绿"改成"那些叶子绿得就像刚抹上了一层油彩"。学生在做的过程中，把"湖面很平静"都改成"湖面平静得像一面镜子"，其他答案基本上没有。我下去检查了一圈，只有一个学生改成了"湖面平静得像蓝蓝的天空"。那"湖面平静得像一面镜子"错了吗？没错，无论作业还是考试，老师都会打一个又红又大的钩。但问题是，现在有这么多的学生都是同样的答案，太可怕了，这是怎样的一种教育啊！

我不禁悲从中来。因为我从这个答案背后，看到了一群没有创意、新意和诗意的学生，他们似乎已经失去了思考的能力，一看到这样的题目，就条件反射般地写上这个正确答案，然后便万事大吉。学生们已经不在乎这个答案是否有创意，不在乎这个答案是否有诗意，只在乎最终的那个钩，因为除此之外已经什么都不重要了。而学校考试越频繁，教师教学时就会越看重答案，同时对答案之外的好奇心、求知欲、想象力、创造力等变得越来越漠视，最终学生学习时便只在乎答案了。从教这么多年，对这一点我深有感触。可以想象，学生经过六年、九年或十二年这样的教育，走出学校之后，会变成一个怎样的人！

真正让我感到答案的可怕，是在一年前。那时，因为接手的一个班级基础实在太差，所以我并没有把学生语文《同步练习》后面的答案撕掉，希望学生在做不出习题时可以参考一下后面的答案，或者在做完习题后，对照一下后面的答案。想法很美好，但在实际作业时，许多学生想都没想，直接抄答案。没过多久，我就认识到这样不行，因为这些参考答案不经意间剥夺了学生思考的机会。长此以往，学生的语文素养怎么提高？语文能力怎么发展？答案真可怕。

从此，我对待答案的态度越来越慎重。但尽管如此，在教学的过程中我还是不免要让学生记下一些所谓的正确答案。那身边其他的老师呢？他们许多还没有意识到答案的危害，或者是意识到了但迫于无奈，依然看重答案，依赖答案，把答案当作语文教学的重点。放眼望去，现在的学生基本上人手都有几册语文、数学和英语的《小学教材全解》。我向同事借了一本四年级语文上的《小学教材全解》来看，翻了一下，发现这《小学教材全解》果然是"全解"，每一篇课文都包括"学习目标全解""课前预习全解""课文内容全解""篇章整体全解""综合知识全解"和"课后习题全解"。纵观全书，除了答案，还是答案。

以其中《巨人的花园》一课的"课后习题全解"为例，课后习题第二题说：我们来交流一下，从这篇童话中你懂得了什么？"全解"中的参考答案是：通过学习这篇童话，我懂得了快乐应当和大家分享的道理，不能做自私的人，要做一个心胸宽广的人。我想，学生看了答案之后还会产生其他的想法吗？难道学生不可以说这个童话想告诉我们要与人为善的道理？难道学生不可以说有孩子的地方才有春天，因为孩子的欢声笑语能让人的内心感到温暖，感到快乐？……但有了这个"全解"，学生自己什么想法都没有了，而且在做作业或上课时遇到问题，第一个想到的就是"有问题，找'全解'"。

这样的情况我经常在课堂上碰到。每当听那些学生很有条理、很规范地说出所交流问题的正确答案时，我一点都没有感到快乐，因为从这个回答中，我看不到学生自己的思考，看到的只是一个知识的搬运工：回答问题时，把书上的答案搬给老师；做作业、考试时，把书上的答案搬到作业本、考试卷上。这有意义吗？虽然我不是很清楚老师们是怎么指导学生使用这本书的，但我知道这本《小学教材全解》学生若再用下去，他们会变得越来越不爱思考，越来越没有自己的想法。

我读三四年级时，曾经自作聪明，向当老师的邻居阿姨借语文教参，没想到却被阿姨骂了一顿，现在记忆犹新。我想阿姨不借的原因，就是不想让我变成一个知识的搬运工。可是今天呢？类似教参的书学生差不多已经人手一本了……

其实科学也好，语文也罢，甚至是数学、英语，原本都是非常有趣、好玩的。我曾经为了向学生推荐《让孩子着迷的77×2个经典科学游戏》一书，选其中的一些科学游戏给学生演示，学生兴趣盎然，眼睛发亮，跟平时科学课堂上的表现截然相反。如我给学生演示"盔甲水袋"这个游戏时，问学生，当我把铅笔插入这只盛着水的塑料袋时，水会漏出来吗？好多学生都说肯定会。结果当我把铅笔插入水袋之后，水并没有漏出来，疑问马上在学生的头脑中形成——这是怎么回事啊？我想，科学就是要让学生产生这些疑问、这些"为什么"，然后自己去探究。引发学生的好奇心，激发他们对科学的兴趣，如此，科学教育便成功了。

语文就更有趣了，每一个汉字，就是一个故事。如"五"字，它的甲骨文是"×"，可能是远古巫术符号，表示有所禁止。这个符号现在仍在用，如我们批改作业时，又如道路禁止通行时等。它是被借去当数目字的，所以另造了一个"毋"字来代替表示禁止义。再比如"进"字，繁体为"進"，这个字为什么会跟"隹"有关？原来鱼能退游，兽能退走，而鸟不能退飞，只能前进，所以造"进"字要请鸟帮忙……我自己看过《流沙河认字》后，就这样给学生讲汉字，学生非常喜欢。

除了汉字，学语文还能与长袜子皮皮、小尼古拉、小豆豆等等那么多有趣、好玩的人交朋友，能走进西顿的动物世界，走进安徒生、格林的童话世界，走进凡尔纳的科幻世界……读书上学还有比这更好玩的事情吗？此外，语文学习还能让学生欣赏到那么多的唐诗宋词，通过诗词了解诗人的情感，感受文学的魅力。正如歌中所唱：唐诗里有画，唐诗里有歌，唐诗像清泉流进我心窝……

当然数学也是如此，我从给女儿玩的《不怕数学》《我的第一本数学启蒙书》中看到了。如比较：给长的拐杖涂上颜色；分类：把形状不一样的发卡用圆圈圈出来；数数：数一数钓竿上有几条鱼，找出对应的数字，用线连起来；排序：在小熊先做的事情的图画中贴上帽子贴纸……每次女儿都玩得不亦乐乎。我从给女儿讲的数学绘本故事中也看到了。像数学绘本《过去的人们是怎么数数的呢?》就用非常生动有趣、浅显易懂的方式讲了人类数数的历史，女儿一点都不讨厌，相反还非常感兴趣。数学真的很有趣。

英语我不懂，但我相信英语一定也非常好玩。

可现实中的学校教育呢？教育不是为了让学生获得答案，获得知识的碎片，而是要培养学生独立人格和思辨精神，以最终成为一个完整的、能够把握自己命运的人。但僵化的教育培养不出完整的人，只能培养出一架架应付考试的机器。

教育已经病得太久了，我们已经在追求正确答案、追求红钩钩的路上迷失了，它何时才能恢复正常？我不知道。我还不知道身边有多少老师已经开始反思今天的教育，趁自己还年轻，努力去实践自己的教育理想，让自己的孩子能早一点享受到真正的教育。我还不知道身边有多少校长已经打算对这样的教育进行改革，在自己的职权之内多为学生做点什么，而不是继续"压榨"学生，继续靠学生的升学率来为自己的前程铺路。我还不知道在我们农村，有多少家长已经认识到这教育的大问题了。如果他们知道了，会为自己的孩子担心吗？还是会督促学校、老师改变现在的这种教学方式呢？我不知道，我都不知道，我真希望这些问题也能有个确切的答案。但就是在这个什么都能从网上搜索到答案的时代，这个问题，至今还没有答案。如果真的想要答案，除了靠我们自己，还能靠谁呢？

女儿明年就要读一年级了……

（原载于《读写月报·新教育》2012年第12期）

这个学期，我不当班主任

教了十二年的书，也担任了十二年的班主任。但今年，我却主动放弃继续担任班主任。朋友得知后问我："当班主任虽说琐事比较多，但现在每个月的班主任津贴还不错，怎么说不当就不当了呢？"班主任的待遇这几年的确提高了很多，但我当不当班主任与待遇无关，而真正的原因又说来话长。

记得参加工作的第一年，学校就交给我一个班，让我担任班主任。虽说从来没有受过如何当班主任的培训，但接手班级后我便"无师自通"，觉得当班主任很容易，不就是管理好学生，让班级不在卫生、纪律、礼仪等五项竞赛中扣分嘛。所以那时候，做得最多、说得最多的就是让学生打扫好教室、包干区的卫生，遵守自修课的纪律，戴好红领巾、小黄帽……而这，也成了我做班主任最大的烦恼，因为想让小学生做到这些要求太难了，经常犯错误才是他们的"特长"。所以那时对学生除了严格要求还是严格要求，把学生管得死死的，要求他们听话、顺从，不许违反这些规章制度，不可以让班级扣分。看看身边其他的班主任也是这样在做，我不由得想，做班主任应该就是这样的吧！那时候甚至还错误地认为,"学生听话,班级不扣分"就是一个成功班主任的标志。

但随着自己对教育和儿童认识的深入,我发现做班主任没这么简单。因为班主任在处理这些班级琐事时的态度,会直接关系到学生的成长和发展。如果只是粗暴地对待,那只能教出不安和恐惧的学生;如果只是一味地严格要求,那只能教出一批听话的"奴才"。由此,我认为做班主任的应该尊重学生,把每一位学生当"人"看,正视他们犯的每一个错误,把学生童年中应该拥有的快乐还给他们,同时还要培养学生独立思考的能力和勇敢质疑的精神,而不是把学生培养成一个唯唯诺诺、只会遵守规章制度的"木头人"……认识到这些,我开始去实践了。

在草长莺飞的二月里,别班的学生早早地被老师叫进教室开始上午自修,我却带着自己班的学生在操场上放风筝,在感受春天的同时,也享受着放风筝的快乐;学校自建了一个越文化博物馆,说是对学生开放,但许多班主任很少带自己班级的学生去参观,而特立独行的我有空就带着班级的学生去参观,把博物馆真正利用起来,让学生们了解自己家乡的民俗风情、文化艺术;一些老师利用班队课抓学科质量,让学生做习题或辅导学生做作业,而我则仍然在搞班队活动,如"好书推荐会""跳绳比赛""看电影"等;学生在五项竞赛中被扣分时,我也不再斤斤计较,反而站在学生的立场来看待他们犯的错误,同时给他们改错的机会;作为班主任,同时又是语文老师的我,还把大量的课外书带进了班级,带进了课堂,让学生遨游在书籍的海洋里,享受阅读带来的快乐,为此,我还特意把语文早自修也安排出来让他们看课外书……但也在这个过程中,班级的"小红旗"少了,说我班学生"不听话"的老师多了,优秀班主任评选轮不到我了……但我觉得自己这样做是对的,真正的教育应该如此,学生在学校不应该只把头埋在书本作业堆里,他们应该拥有更多的快乐和更多玩的时间,所以我依旧我行我素。

在刚刚过去的一年里,我担任五年级一个班的班主任,这一年里我还是按照这样的理念去做班主任,尽自己最大的努力去尊重学生,理解学生,把快乐带给学生。但接手这个班不到两星期,我就发现班中的大多数学生都有一个共同的"爱好"——不做作业,无论课堂作业还是家庭作业,每一次检查起来都有许多同学没有做好,其中有20%的学生基本上每天都有作业没完成,无论是语文、数学,还是英语、科学,无论是作业多,还是作业少,他们都一视同仁。虽说这让我很头疼,但我把遇到这样一个班级当成是一次学习与锻炼的机会,准备通过自己的努力让这班学生做起作业来。于是我开始每天在家校通上,把当天所有的家庭作业发给家长,并让家长做好检查,但没有任何效果;然后我给每一个学生发一个练习本作为"家校联系本",让学生把每天的家庭作业记下来,完成作业后让家长检查并签字,但作业做得好的仍然做得好,经常做不好的几个仍然做不好;于是我又改变策略,让小组长把每次作业的完成情况登记下来,达到十次没有完成作业,马上发短信告之家长,我希望借家长的权威来给他们施加一点压力,但还是没有起色;没办法,我只能跟这些家长来一次面对面的交谈,于是在一天放学后,我把经常不完成作业的十余位学生的家长请到学校,在班级里召开了一次小型家长会,但不出两天,这些学生"涛声依旧"。

黔驴技穷的我不得不认真思考问题的所在:学生不愿意做作业的根本原因是什么?在这个过程中自己的所作所为是否符合自己所追求的教育理念?仔细一想,答案很明显。这班学生不愿意做作业的根本原因就是厌学,学习带给他们的只有压力,没有快乐,有时候甚至是恐惧——如让学生的家长在试卷上签名(虽然我教的语文学科并没有这么做)。我不知道他们在我接班之前有怎样的学习经历,竟让他们如此讨厌学习。而自己让学生做作业的一系列做法,其实根本谈不上对学生负责,这只是一种浮于表面的走过场式的教育,因为整个过程中,我很少与学生进行生命个体与生命个体的平等交流。虽说从表面上看我很负责任,发短信、使用"家校联系本"、开家长会……尽到了一个班主任应该尽的责任,但这些并不是学生真正需要的,学生真正需要的是心灵上的沟通与尊重,是真正的理解与信任。我所做的一切,其实都是一种对学生不信任的表现，我借家长的力量来督促学生完成作业的做法，实际上是一种压迫——借家长的权威来压迫学生学习，如此带给学生的只有压力和惧怕，毫无快乐可言。我满口尊重学生，理解学生，但在这一点上我无疑是一个借刀杀人的"凶手"，根本没有站在学生的角度去思考问题，根本没有走进学生的内心世界，做到真正尊重他们。如果把学生比作一辆汽车的话，我仍然在推着车子前进，而忘记了这辆汽车是有发动机的，它发动起来自己会前进，而且前进得更快。这些长期被推着前进的学生，似乎自己也已经淡忘了自己体内的发动机。想到这些，我开始了另一种尝试。

我先暂停了每天家校通上的作业短信，"家校联系本"也不再下发让家长签名，哪怕学生作业仍然没有完成，我也不再向家长反馈。我觉得学生的学习，不能老是让我们老师推着前进，是时候让他们学会启动发动机自己前进了，是时候让他们学会为自己的行为承担后果了。同时我也将之前对"面"的教育转向对"点"的教育——开始与班上这些经常不完成作业的学生进行一对一的交流，平等地与他们进行沟通。在这个过程中，我开始了解到这些学生作业经常不完成的各种原因：有些学生是因为贪玩，自控能力差，回家后只要有伙伴叫他去玩，他就会放下作业先去玩；有些学生则告诉我，作业完不成是因为一拿起笔做作业，就会头痛；有些学生说在学校学习了一天太累了，回到家最想做的事就是看电视，根本不想再拿起笔来做作业……我相信学生所说的一切，之前的学习经历可能真的给他们的心理和生理造成了一定的伤害。同时，我也不再施加外力给学生，去推着或拉着他们学习，尽量给他们一个相对轻松、相对自由的学习环境，尽量让他们自己去发现学习的真正目的与乐趣——虽然这个做法放在今天的教育大环境中有些天真。

当然，在这个过程中奇迹并没有出现，他们仍然是老样子，只是我不再像从前那样去逼迫他们，从而让他们更加痛恨学习、作业。每一次检查作业有学生没做好，我只是提醒与沟通，因为我觉得学习也好，做作业也好，都不是我的事，是他们自己的事——五年级的学生，是时候明白这一点了。我能做的，只是启发他们自己去思考问题，只是告诉他们发动机就在自己的体内。但在这个过程中，不知为什么，我开始变得迷茫起来，因为学生的表现让我心里越来越没有底，我不知道我这样做会把学生带向何方。我不知道这班学生突然失去了外力推拉，最终会变成什么样子。我一直在等待，希望这些学生中能有一个发生改变，但一个学期过去了，没有变化，又一个学期开始了，还是没有变化。我的心变得越来越焦躁不安，半夜醒来后再也不能入睡。或许有人会说，你这样做没错，需要的只是时间。但我已经接近崩溃的边缘了，我已经支持不下去了。我也希望给学生一个像夏山学校那样自由的学习环境，上课完全自由，你可以上，也可以不上；做作业完全自由，你可以做，也可以不做——而这个班的绝大多数学生也只有在这样的学习环境里，才有可能真正发生一点转变，才有可能慢慢地对学习产生兴趣。但我没有时间等待，我所处的教育大环境要求我必须在规定时间里拿出成绩来，否则你就是一个失败的班主任，一个失败的老师……束手无策的我只能选择暂时放弃。

所以这个学期我想暂时不当班主任了，好好理一理自己的思绪，调整自己的心态，多看一些书，暂时给自己放个假。然后，期待有一天我能"东山再起"……

（原载于《绍兴教育》2013年第1—2期）

与刘发建老师的二三事

我是一名普通的农村小学教师。1998年9月走上工作岗位后，心里根本没有什么目标，也不知道自己作为一名教师的理想与追求是什么，所以那时八小时之外的绝大部分时间，我都用来看碟片、玩游戏和谈恋爱。

直到2004年底结了婚，一切都安定下来以后，才发觉这样的日子，不知不觉中竟然已经度过了七个春秋。在这七年中，我基本上不看书，不思考，也不写文章。各方面没有进步，也没有取得任何成绩。

年岁逐增，再加上一事无成，在这双重压力下，我不得不思考自己的未来。反复思量之后，我决定做一名优秀的小学语文教师。于是从2005年起，我开始看书，开始看名师的课堂录像，开始思考课堂……慢慢地，有了进步，也获得了别人的肯定。一切，似乎都很好地朝着目标发展着。

但接下来几次课堂比武的失利，让我"做一名优秀小学语文教师"的梦想变得渺茫和遥不可及，我不知道通往理想之路的入口在何方。就在我职业生涯最困惑、最彷徨的时候，刘发建老师意外地走进了我的世界。

"你应该拜学生为师！"

2007年一次偶然的机会，我接触了语文名师刘发建，并且能和刘老师坐下来长谈。机会难得，我迫切地想知道刘老师成功的秘诀，同时也想印证自己走的这条"看名师的课堂视频与教学实录，间接以名师为师"的路对不对，便问："刘老师，像我这样一个普通的青年教师，若想成为名师，应该怎么做？"

原本以为刘老师会让我向名师学习，学习名师的课堂教学艺术，甚至具体指明让我学习哪位名师。但刘老师却没有这么回答，只是简简单单地说："拜学生为师！学生能教会你一切。"

这个答案大大出乎意料，与我原本在走的路大相径庭。但细细琢磨之后，确有一种拨云见日、醍醐灌顶之感。

"拜学生为师"，说得多朴实啊！但自己却从来没有这个意识。我只知道看名师的教学视频，用名师的教学设计，仿名师的举手投足，学名师华丽的教学语言……却很少认认真真、静下心来去研究一下学生——学生学习的兴趣、需求、能力，等等。所以我每次用名师的教学设计去上课，总是以失败告终。

那次谈话之后，我开始在课堂上关注起自己的学生来，用心去研究学生学习的重点和难点是什么，多想想怎样才能让学生学得愉快，在教的过程中，多关注学生的反应。然后根据学生的反应，及时改变教学策略，调整教学思路。

这样的例子很多，如上《西门豹》一课时，我就是根据学生提出的一个问题"女孩沉下去的时候，为什么不游泳逃跑呢"来展开教学，从而使学生对课文的理解更加深入；教学《乞巧》一诗时，尊重学生提出的问题"为什么乞巧节是农历七月初七"，从而使课堂"柳暗花明"……这样的例子还有很多，我从中真正享受到了上语文课的快乐，尝到了"拜学生为师"的甜头。

这也正如网友曾阿牛对我所说的："我们教师的生命永远在学生身上！"是啊，以前还一直羡慕那些能成为名师徒弟的老师，想不到最好的老师就在眼前——与你朝夕相处的学生——这一位位最无私的老师。

"记住，问题生是最好的资源！"

2008年参加"领雁"工程培训时，一次是刘发建老师给我们做讲座。他给我们讲了一个自己与一位名叫阳阳的问题学生的故事。

刘老师说，正是这个让他吃尽苦头的阳阳，使他懂得了教育，学会了反思，使他深深体会到：问题生其实是最好的教育教学资源，是他们教会了自己教书和育人，教会了自己反思与进步。

听了这个故事，我深感愧疚，因为我从来没有觉得"问题生是最好的教育教学资源"。面对问题生，自己许多时候选择的都是逃避。这可能正是自己教书十几年，天天和学生在一起，却始终不能走近学生的真正原因吧。

听了这次讲座之后，我开始真正珍惜起班级中的问题生。记得当时班级中有一位名叫尤臆铧的男同学。他是一个外地学生，老家在江西。他父母的工作时间很长，也很辛苦，基本上没有时间管他。所以尤臆铧无论是行为习惯，还是学习成绩，都不怎么好。作业经常做不完，字也写得差，一下课就跟同学追来打去，三天两头闯祸。开学初，我发觉他的书包总是放在地上，很少有放进抽屉的时候，于是决定从让他放好书包这件小事入手，好好地来关心他教育他，希望他能转变过来。我也从此开始记录与他之间的故事。

在我不断记录、反思，反复提醒、表扬的过程中，尤臆铧慢慢地有了把书包放进抽屉的意识。两个星期后，我当着全班同学的面，特意打电话给他的妈妈，告诉她尤臆铧最近在学校的表现不错，进步很大。三个星期后，我去尤臆铧家家访，当他爸爸拿出水果热情地招待我时，我感觉我对尤臆铧做的还是太少太少了。

经过将近半个学期的努力，尤臆铧终于把书包放进了抽屉。而且在其他方面他也有明显的改变。如每次路上与他相遇时，最初他是不理我的，只管自己低着头走过；后来经过引导，他才抬起头看我，并害羞地对我微笑；现在他已经会主动向我问好了。还有在作业上，他也开始主动做了……

当然，尤臆铧没有改变的地方也还有很多，如打架、欺负人、字写得差等，这些还需要我继续努力，继续耐心等待。

也是从这一学期起，我发觉自己与学生的距离近了，学生也愿意接近我，主动来跟我谈话了。我也开始和学生一起比赛跳绳，一起放飞风筝，一起玩丢手帕的游戏……在这个过程中，我也真正享受到了做老师应有的快乐与幸福。

课堂拒绝"花招"

2009年初，我上了一堂图画书阅读课，想请刘发建老师指导，便打电话给他。刘老师满口答应，我便把《犟龟》的课堂录像拿给他看。

刘老师看了课堂录像后，没有多说什么，只提醒我"课堂上所有的教学手段，都要为教学内容服务"。其实我明白，他是在告诉我课堂拒绝"花招"。

比如"表演故事"，如果通过表演，学生并没有更深地感受到乌龟陶陶的形象，只是走过场，为了表演而表演，那这样的表演不要也罢。

意识到了这一点，我开始重新设计教案，反思每一个环节背后的设计意图，需要做怎样的改进……

带着刘老师给我的启发和建议，从"带给儿童快乐，激发儿童阅读的兴趣"这一根本目标出发，我再次尝试教学《犟龟》——

从"聊封面，摸绘本"入课。课堂上，学生都争着要摸一摸这本书。我一边让他们触摸绘本，一边问：你们感觉到这本书讲的是一个怎样的故事了吗？有些学生说感觉到了，说它讲了一个怎样怎样的故事；有些学生还没有感觉到。但这都没有关系，因为无论学生有没有感觉到，他们的阅读兴趣已经被激发起来了——而这正是我想要的。

接着我便开始讲述故事，在讲述的过程中仍不忘让学生猜猜乌龟陶陶接下来会来到哪里,将遇到谁,将发生什么故事……让学生在猜测故事、印证故事的过程中,享受听故事带来的快乐。

在感受"犟龟"形象这一点上,我从儿童视角出发设计了两个问题。一是在看烈日下的沙漠的画面时,问学生:"在这样的日子里,如果是你在赶路,你最想干什么?但故事中的乌龟陶陶,她是怎么做的?"通过比较,感受乌龟陶陶的"犟"以及她的精神。二是当学生明白为什么称乌龟陶陶为"犟龟"时,问他们:"在你们自己家里,谁最像'犟龟'?"通过这两个问题,先"走进去",再"走出来","犟龟"就在学生的脑海里留下了深刻的印象……

在向学生介绍米切尔·恩德和他的作品后,我便结束了本课。这节课上下来感觉很轻松、很自然、很舒畅——原来课堂少些"花招",少些做作,会如此快乐。

尾声

与刘发建老师的故事还有很多,如听了他的课后,我明白了我们一线教师应该扎根日常课堂;看了他的书——《亲近鲁迅》后,我知道了"人应该有点精神",才能做出一番事业等。

也正是在与刘老师一次又一次的接触与交往中,我慢慢地意识到,他走的路与别人不一样,而这条路也正是我(可能也是绝大多数教师)一直在苦苦追寻的路——一条很长、很宽,适合每一位教师专业成长的路。用刘老师的话说就是:"爱孩子,爱课堂,每一个语文教师都能创造属于自己的幸福天空。"

正是在这个过程中,刘发建老师慢慢地影响了我。我开始思考每一堂日常课,更用心地关怀班上的每一个学生,不断记录、反思课内课外自己与学生的故事。

慢慢地,我写的教育叙事、论文在省、市级的评比中拿到了一等奖,在省、市级的报刊上也发表了五六万字的文章,《犟龟》读书课也在市级比赛中得了奖，而且现在也已经开始做自己的"事业"——推广儿童阅读，并在全市范围内小有名气……自己似乎在变得"优秀"起来。

也正是在这个过程中，我找到了做老师的幸福与快乐。感受到了这一点，优秀不优秀对现在的我来说已经无所谓了。

感谢刘发建老师，是他让我看到了希望，让我终于也迎来了自己教师生涯的春天。

（原载于《教师博览·原创版》2010年第4期，原文题为《那时·那人·那事》）

莫国夫——那个点亮我的人

题记：没有一个冬天不可逾越，没有一个春天不会来临。同样，没有一个春天将会永恒，没有一个冬天将会缺席。知道前一句让你拥有希望。知道后一句让你更加清醒。——莫国夫《写给2021年的前行者》

读书时，老师称我是"扶不起的阿斗"；工作之后，蹉跎岁月，教书七年一事无成。27岁结婚成家之后，开始考虑立业——希望自己也能像别人一样，成为一位名师。于是"始发愤，读书籍"。

那时候，没有人看好我，只有我母亲觉得我是"栋梁之材"。但"我命由我不由天"，凭着一股"就算我不能证明我可以，那也要证明我不可以"的犟劲，我从2005年年初走到了如今的2020年年底。十五年的时间，我从一无所有，到如今凭综合实力评上绍兴市小学语文学科带头人——这是当初我做梦都没想到的。

一路走来，影响我的人有很多，帮助我的人也有很多。但在这些人中，那个对我另眼相看，一路提携鼓励不断的，应该就是我的师父——莫国夫老师。

"你会走出一条与众不同的路"

2011年初，我申请加入绍兴市阅读力提升工程第二批书香讲师团，成为一名书香讲师。当时我被安排去诸暨市山下湖镇中心小学作儿童阅读讲座，那一次，绍兴市小学语文教研员莫国夫老师也来了。

我从自身的阅读经历开始讲起，然后分析农村小学儿童阅读的现状，再到我十余年的农村小学儿童阅读实践……毫无保留地与山下湖镇中心小学的老师分享了自己工作十二年来的阅读实践与思考，得到了与会老师和莫老师的肯定。莫老师此行的目的，也是想来看看我的"表现"——因为那时的我，没有任何县级以上荣誉，用我自己的话来说是："本人，非学校重点培养对象，非优质课教师，非教坛新秀，非师德标兵，非优秀班主任，非先进工作者，非春蚕奖得主。"——是一个真正的"草根教师"。在此之前，我与莫老师没有接触过，他是通过2008年我写的那篇《"读"过十年，"阅"有滋味——一个农村教师推广儿童阅读的探索及面临的问题》才知道我的名字的。听完这个讲座，莫老师心里有底了——他看到了一个农村小学老师在推广儿童阅读方面所作的探索与努力，尽管他很"草根"，但所做的一切是为了让农村学生养成阅读习惯，提高阅读量，从而爱上阅读，这能让农村学生受益终身。当年11月，莫老师就推荐我参加浙江省阅读与师生发展论坛，并让我作为绍兴市的代表在论坛上发言。

从诸暨回绍兴时，莫老师和我在车上又聊了一路。我们聊到这年2月份《小学语文教师》"月度人物"栏目报道我的那篇文章《朱胜阳：我是草根》。由此，我跟莫老师讲了自己的成长历程。聊着聊着，莫老师说："朱胜阳，你会走出一条与罗才军完全不一样的路来的。"当时听到这话，我既震惊又感动。

震惊的是莫老师怎么拿我跟罗才军比，虽然我与罗才军是同一年师范毕业的，但他刚在 2010 年年底的全国第八届青年教师阅读教学观摩活动中取得了特等奖的好成绩，各种荣誉数不胜数；而我除了发表过一些文章之外，连县级优质课的荣誉都没有取得，我不知道像我这样的老师会走出一条怎样的路来。（但同时我也希望，像我这样不是通过赛课出来的老师，真的也能走出一条专业成长的康庄大道来——毕竟在教师队伍中，这一类教师占绝大多数）

而感动同样是因为莫老师拿我跟罗才军比——莫老师太赏识我了。从小到大，喜欢我、包容我的人少，讨厌我、觉得我不会"出山"的人多。只有我的母亲，无论我怎么闯祸，怎么惹是生非，始终觉得我迟早会有出息。但现在莫老师也这么看我——而且听莫老师说这句话时的语气是那种经过思考之后，作出的一个非常肯定、非常严肃的判断，觉得你朱胜阳一定行——这怎能叫我不感动呢？

所以，时间虽然过去了整整十年，但莫老师的这句话我却记忆犹新。它就像远方的星星，为我点起希望的灯火，照亮我的前程。我也一直朝着莫老师指引的方向，推广阅读，砥砺前行。

"你要有自己的专业自信"

2013 年，我经柯桥区小学语文教研员罗丹红老师推荐，终于加入绍兴市第三届小学语文青年教师研究者联盟，正式成为莫老师的弟子。

说"终于"，是因为我从 2005 年"始发愤"，大量阅读书籍、观摩名师课堂录像、在人教论坛发帖交流，但我也特别羡慕身边那些加入名优教师研修班的老师，希望自己也能加入这样的研修班。但像我这样的老师，参加短期的教师培训没机会，参加长期的研修班又没资格。（其实 2005 年绍兴市第一届小学语文青年教师研究者联盟成立时，我就特别想加入，但没有成绩，连申报的资格也没有）

所以，当时我为了专业成长，只能向学校请假，自费参加一些教师培训。

记得我自费参加的第一次培训是汪潮老师在新昌开展的小学语文研讨活动；而对我影响最大的一次培训，则是 2011 年暑假由李玉龙老师在无锡主持的第一线全国教师高级研修班。所以这次我正式成为青年教师研究者联盟的成员，有机会得到莫老师的指引，怎能不欣喜若狂呢？

我像是一个"跳级生"，直接进入了市一级的研修班，但我心里清楚，自己的水平是"留级生"的水平。所以青年教师研究者联盟组织的每一次研修，我都如饥似渴地参加；每一次研修，莫老师也总能带给我们满满的"干货"：基于语用的阅读教学设计、群文阅读模式探讨、基于预学的单篇阅读教学改进、基于学科核心素养的拓展性课程探讨……莫老师组织的这一次次主题研修，不断更新我对课堂教学的认知，促使我更深入地去理解课堂，思考教学。

记得当时教学《夜莺的歌声》和《小英雄雨来》等课文时，我在执教的过程中发现："儿童是不能参与战争的，但为什么选取的课文的主角却是未成年的战争小英雄？教育的目标是要远离战争，呼唤和平，为什么选取的课文却是歌颂战争英雄的文章？我们到底是要战争小英雄，还是要和平？"针对这些发现，我重新组织学习材料，利用战争题材儿童绘本《铁丝网上的小花》《欧先生的大提琴》和《凯琪的包裹》，进行群文教学尝试，从而让学生对战争与和平有了更全面、更客观的认识。

虽然我不是很擅长上公开课，但莫老师一直在鼓励大家"要有自己的专业自信——因为每个人都是自己的传奇"，所以我鼓起勇气，把这次课堂探索在青年教师研究者联盟研修活动中作了展示。那次课是我的第一堂市级研讨课，说实话，呈现的效果并不是很理想。但莫老师点评时并没有说什么，只说了一句"不过瘾"，然后在肯定我已作探索的基础上，给了改进的建议。经莫老师指点后，我继续完善，这课之后还去嵊州、温州等学校作了展示，写成的教学札记《反思战争比铭记仇恨更重要》也在《当代教育家》杂志发表。

一边研修学习，一边课堂实践。于是，我和学生就有了从人性的角度去学习《地震中的父与子》的经历，从常识的角度去学习《圆明园的毁灭》的探索……这样的尝试多了，学生的思辨能力和质疑精神都得到了发展。师生共成长——这就是我在青年教师研究者联盟的研修常态。

"燃灯如豆，持续发光"

蒙莫老师错爱，在2019年4月我又被召进他的浙江省莫国夫名师网络工作室，成为工作室的十五位学科带头人之一。说"错爱"，是因为与其他学员相比，我的语文教师必备基本功（如普通话、粉笔字、语言表达等）都不算优秀——像我这样资质平平的人，一般的导师肯定是不会收的。正如莫老师所说："从传统的角度看，朱胜阳在语文教师队伍中，不算优秀。"但他又说："朱胜阳的可贵在于'燃灯如豆，持续发光'——光芒虽然微弱，但一直燃烧着，没有熄灭，在照亮学生的同时，也照亮了身边的老师——慢慢地也走出了一条属于自己的路。从这一个角度来讲，朱胜阳影响了我评判一个优秀语文教师的标准。"

"燃灯如豆，持续发光"，我喜欢莫教师对我的这个评价。这么多年来，我也正是这样在努力的。

2013年暑假，我通过在职教师考调，进入绍兴县实验小学。成绩公示的那一天，我打电话告诉莫老师这个消息。莫老师说："祝贺你胜阳！实验小学的舞台更宽广，你一定会有更大的发展！"听了莫老师的这句话，我当时鼻子一酸，有种想哭的冲动。他还是一如既往地鼓励我，肯定我。而此时，我仍然没有任何县级以上的荣誉，以至于开学前到金明东校长那里报到时，个人信息表的"荣誉"一栏只能空着。

不但没有荣誉，当时我也没有什么发展规划。只知道按自己理想中的样子去做教育，去教学生，而实验小学的教育教学氛围宽松自由，为我创造了非常好的条件。于是我全身心地扑到学生身上，开始低头做教育。

记得当时因为观察到班里学生不会家乡方言，不了解家乡的风俗习惯、名胜古迹等，作为"社会人"的属性大大地弱化，于是，我开始带着学生"走读绍兴"。希望绍兴这一方水土能滋养他们，让每个孩子都心怀故乡，成为一个真正的绍兴人。从"找回鉴湖"开始，然后是"运河古韵""老街探幽""越地风俗"……一走读就走读了三年，班中学生的"走读绍兴"成长记录袋也越来越饱满。这里面有学生的摄影作品、主题小报，也有调查研究报告和一张张"走读绍兴"闯关夺星评价表……而这些正是学生在"走读绍兴"过程中成长的见证。

在实践"走读绍兴"的过程中，每当有困惑、有进展时，我就会去找莫老师。2015年暑假，"走读绍兴"课程初具雏形，我拿给莫老师看。莫老师看了之后，从课程目标、实施途径、课时安排、成果呈现等方面进行了梳理和指点，从而让整个课程框架更加完善，目标的描述更加科学。2016年暑假，与此课程相关的课题研究成果获绍兴市一等奖；当年12月，"走读绍兴"课程又被评为浙江省精品课程。总以为"走读绍兴"到这一步已经到头了，但接下来这个课程却在自己学校全面铺开。2019年年初，在柯桥区教师发展中心副主任范信子的助推下，"走读绍兴"研学课程又在整个柯桥区中小学推进实施。到了2020年6月，我甚至还主编了"研学旅行在绍兴"之《文化寻根》一书并出版……想不到这个课程会有这样的生命力，能走这么远——不但让全校、全区的学生受益，甚至还能对省内外的学生产生影响。而我也将在走读的领域继续探索下去。

除了"走读绍兴"，我在儿童阅读推广方面也有新的突破，从之前关注学生的"阅读量"到关注"阅读质"。在刘发建老师的启发下，开始作"跟着名家学写作"读写融合的实践与探索。学文、读书、作文，三位一体，从课内阅读走向课外阅读，再回到课内作文，以此来打通读与写的任督二脉。一个学期精读一个名家，速度虽慢，但七八年下来，也已经正式发表"跟着林海音写童年""跟着冯骥才写人物"等八九个专题文章。如今编著的《跟着名家学语文》四年级上、下两册也由浙江少年儿童出版社出版。莫老师在肯定这些成绩的同时，也希望我能结合学生习作样态的变化，写出一些理论价值比较高的文章来，只可惜这样的文章，我至今仍然没能写出来发表。

"燃灯如豆，持续发光。"无论是"走读绍兴"，还是"跟着名家学写作"，在莫老师的指点下，我都实践探索了七八年。它们在照亮学生的同时，也照亮了我自己。

后记

时间过得真快，不知不觉已在莫老师门下受教十年。这十年间，除罗才军外，莫老师门下还走出了吴淼峰、林志明、王铁青、冯朱敏、丁圆伟等一批在全省甚至全国有影响力的绍兴小语名师。平凡如我也能得到莫老师的耳提面命，实乃三生有幸。这十年间，我与时间做朋友，与各位同门教书育人，分头努力，各自向好。虽也取得些许荣誉，但许多地方还是没有达到莫老师的期望。如建立自己的话语系统、打造自己的品牌、出版自己的专著，等等。所以，接下来要走的路还很长。我只能像莫老师经常要求的那样，做一株尖茅草，努力往下生长，继续默默地积蓄力量……不为评"特级"，也不为评"正高"，我只想在教好学生的同时，自己不忘成长，最终能"优雅而光荣地老去"。用曹昇《流血的仕途》中对尉缭出场时的描写来形容就是：

这人已是年逾花甲，须发尽白，然而却目光锐利，气度辽阔，丝毫无垂暮气象。

虽然这样老去需要运气，但更需要实力——就像我们绍兴的周一贯老先生一样。

写作照亮教育之路

一

2010年，知名语言文字专家夏侯炳先生，点评我发表在《教师博览》上的《那时·那人·那事》（即本书中《与刘发建老师的二三事》）一文时说：写得实在又好读，文从字顺又立意高远。这短短十六个字的评价，着实让我高兴了好一阵子。因为我是个不会写文章的人，从小学到师范，我写的作文从来没有得到过一位老师的肯定。夸我文章写得好，这是第一次。

我从小就是一个顽劣的孩子，欺负同学、上课捣乱、不做作业、不看书，等等，这样一个人，会喜欢写文章才怪。

记得读小学时，因为自己特别讨厌写作文，所以一般都是从小学生作文选上抄一篇，或是向读高年级的邻居借一本他们写过的作文抄一篇。当然，把自己以前写过的作文再写一遍也是常事。记得有一件事（一次与同学打羽毛球，把球打进了菜地，捡球时踩坏了菜苗，菜园主人来责骂时，我们逃之夭夭），我从小学四年级开始写，一直写到初中。进入师范后，我还是非常讨厌作文，经常找人代写。师范三年，我自己写的作文最高得七十多分，而别人代写的基本上都有八九十分。那时，语文老师应该知道这些高分作文不是我写的，所以作文发下来只有分数和日期，没有评语，也没有在全班同学面前提及（表扬或批评）。

1998年参加工作以后，虽说再也不用写作文，但每学期镇中心小学总会配合县里的一些论文案例比赛，在街道内先组织评比。每次评比，我一般能赖则赖，能拖则拖，除非学校规定每位老师必需上交，我才会不伦不类地写一篇充数。因为那时候自己很少看书，很少翻阅教育教学杂志，同时也没有什么专业成长的念头，所以写出来的文章的质量可想而知。在参加工作的前七年时间里，虽说我也写过几篇文章，参加过几次评比，投过几次稿，但没有一篇文章发表，也没有一篇文章获过县级奖项。最好的成绩是自己写的一篇论文，获街道优胜奖。工作每天都在继续，但那时八小时之外我除了玩电脑游戏、看电影，就是谈恋爱。不看书，不反思，也没有留下片言只语。

二

2005年年初，我突然开始写文章了。会这么"突然"，是因为与一位比我年轻五六岁的男同事暗中较上了劲。

2003年9月，学校新分配进一位男老师，年轻帅气，有文采、善书法，这是当时他留给我的印象。那时我已经整整工作五年。这五年间，学校每年都有新教师分配进来。这些新教师进校后，无论他们勤奋也好，不勤奋也罢，我都没有跟他们比的念头，哪怕一段时间后，他们已经比我优秀很多，我也没感觉（一般来讲，如果比你晚工作的同事各方面都超越了自己，面子总有些挂不住）。但自从这位男老师到来后，不知怎的，我好像有种紧迫感，生怕他在教育教学各方面都远远超过自己，于是暗中开始和他较劲。备课、上课、辅导学生，什么都跟他比。后来，他开始在报刊上发表自己的书法作品，我便也开始向一些报刊投自己的国画作品。记得那时他在《美术大观》上发表书法作品之后，我紧随其后，也在《美术大观》上发表了国画作品。但后来，他开始在报刊上发表文章，这对我的打击实在太大，因为写文章我实在没有底气，只能眼睁睁看着他一篇又一篇地发表。那时经常听学校领导夸他，说他不仅书法优秀，文章也写得这么好……虽说这些话不是针对我，但我听了，心里真不是滋味，暗暗发誓：我也一定要让自己的文章发表，证明自己也是会写文章的。就这样，我正式开始写文章，开始用笔记录自己对教育教学的思考与理解。

三

2005年8月25日，我终于在《语文报》上发表了一首诗歌——《以书为伴》。虽说整首诗歌才104个字，但对我来说却意义非凡——它是我人生中发表的第一篇文章。记得拿到样报后，我反反复复看了几遍，还兴奋地读给妻子听，甚至还拿着样报，冒着酷暑，骑着摩托车赶到我读师范时的一位同学家里，告诉他我也有文章在报纸上发表了。会有这样的举动，潜意识里是为了急于向别人证明自己也会写文章——因为这位师范同学知道我的底细，同时他是当时我们师范同学中文章发表得最多的一位。

从这篇文章开始，我连续在《语文报》上发表了五篇文章，这让我品尝到了文章发表的乐趣，不知不觉中，树立了写作自信。我这个不会写文章、讨厌写文章的人会一直坚持写到今天，最初发表的五篇文章功不可没。

文章发表固然令人欣喜，但文章是怎么写出来的，真的只有自己知道。那时写文章总在晚上，但十点之前基本不写东西，只是呆呆地坐在电脑前，因为心静不下来。偶尔苦思冥想出一句话，马上又被自己否定，删掉了。一直要到十点之后，文章才像挤牙膏一样，一点一点地写出来。等到文章写好时，一般都在后半夜了。每次文章写好之后一读，感觉不是兴奋激动，而是惊讶——惊讶这篇文章怎么藏在自己心中？如果不写，是不是就不会有这篇文章呢？直到现在，文章写好后仍有这种奇妙的感觉。

虽说当初写文章对我来说是如此不易，真有"两句三年得，一吟双泪流"之感，但也正是在写的过程中，我发现了写作对于教育教学的作用，它能让你主动去思考教育教学，然后再来修正自己的教育教学行为。用张万祥老师的话来说就是："写作是总结，是反思，是提升，这必然会使教学更上一层楼。"当然这个过程中，收获最大的，还是学生。

四

因为真的不知道文章该怎么写，所以自己在写作之初也看过一些如何作文的书籍，如叶圣陶的《文章例话——叶圣陶的二十七堂作文课》《怎样写作》、夏丏尊的《文章作法》等。其中印象最深的是朱光潜在《天资与修养——朱光潜谈阅读与欣赏》一书中《流行文学三弊》里的一句话："文学的条件本很简单，第一是有话值得说，其次是把话说得恰到好处。有话值得说，内容才充实；说得恰到好处，形式才完美。"正是这句话，让我觉得写文章不是一件难事，同时开始照着这个方法去写文章。比如为了做到"把话说得恰到好处"这一点，我除了多看名家的经典作品，揣摩并学习他们是怎么"把话说得恰到好处"之外，自己每次文章写好之后，总要反复修改。先自己修改，每篇文章至少要读一二十遍，觉得差不多了，再请一两个同事读，让他们帮忙指出文中存在的问题，尽自己最大的力量把"话"说好。文章虽说如此修改，但到底写得怎样，存在什么缺陷，自己心里真没底。直到收到当时在《中国教师报》任编辑的茅卫东老师的一封稿件回复信后，我才意识到自己文章的问题所在。

那时《中国教师报》有一个征文活动，我就把自己写的一篇"爱心与责任"的电视录播观后感投给征文编辑茅卫东老师。茅老师收到稿件后不久，就回复我说：

读这类文章，撇开有的人虚情假意不论，总让我很矛盾。一方面，我非常认同人需要有信仰，有"心"；另一方面，我又总是怀疑信仰本身就能解决复杂的世俗问题，包括为教育开出良方？

不论是当年作为教师还是现在作为编辑，我都不能接受教育中过多温情的东西。这种东西，一是太虚，二是太弱。

我们是老乡，希望有机会面谈。

当时一看完这封稿件回复信，我就出了一身冷汗。因为茅老师一眼就看出我说的话是否出自肺腑，三言两语就把我"虚情假意"这张皮活生生地撕了下来。当然最让我感到可怕的还不是这一点，而是在此之前，我也一直这样说话，却根本没有意识到自己说的话是违心的。说的明明是谎言，却一直不觉得是谎言——还有什么比这更可怕。一语惊醒梦中人，茅老师的这番话一下子让我明白了什么是真话，什么是谎言，而之前的明白只是假象。回头再去读自己的那篇稿件，话语的确太过温情，太过冠冕堂皇。从那时起，我警惕自己写下的每一个字，每一句话，尽最大的力量把话说真、说实。

五

2009年年初，有同事告诉我说，柯桥小学的洪志明校长把我发表在《教师周刊》上的一篇文章《"读"过十年，"阅"有滋味——一个农村教师推广儿童阅读的探索及面临的问题》复印下来，下发到学校每一位老师手里，让他们去学习。这篇文章能获得第三届《教师周刊》有奖读书征文的一等奖并全文刊载，能博得洪校长如此的青睐和礼遇，完全出乎我的意料。当时自己也不明白，为什么这篇文章会得到那么多人的肯定。

后来，一次偶然的机会，自己去洪志明校长的学校听课，跟他聊起这篇文章。洪校长说："不是文章写得好，而是你做得好。"他的这句话一下子解开了我心中的谜团，也道出了教师写作的真谛：我们老师不是作家，文章"写"得好固然重要，但"做"得好更重要。因为写作的天赋毕竟不是人人都有，但进行教育教学实践，却每位教师都可以。这篇文章，写的不正是自己十年来带学生阅读的一些经历和思考吗？听了洪校长的话后，我更加义无反顾地先花时间去做事，回头再来写文章。

身边常有老师跟我聊起，说自己如何不会写文章，问我文章应该怎么写。其实不是我们不会写文章，而是我们没有去做事情。我们没花时间去研究学生为什么这个字会写错，也没花时间去钻研学生为什么作文写不出来，更没花时间去思考班主任应该做的每一件事，如开家长会、家访、学生心理辅导、班级管理策略等，所以要写任何这一方面的文章时，我们便抓耳挠腮、无从下笔。

回头看看自己这几年发表的一些文章，好多文章真的是自己"做"出来的。但直到现在，我的一些师范同学还是不相信我会写文章，甚至开玩笑地问我：是不是与那些报刊的编辑认识？其实我哪里认识什么编辑，许多时候我只是花时间做了一件事，然后把这件事记下来而已。你说一件事，一两年，三四年，或者七八年做下来，到写这件事的时候怎么可能无话可说呢？

尾声

写到今天，自己发表的文章已有近二十万字。最初写文章只是为了证明自己也是会写文章的，慢慢地就想通过文章，发表自己作为一位普通一线教师对教育的一些观点和看法。我很相信文章的力量。看别人的文章，从别人的文章中吸取教训，积累经验，汲取力量。一看到好的教学策略，马上到课堂上实践；一看到好的育人方法，马上到班级中尝试。同时也写自己的文章，了解学生，反思课堂，总结经验，提出疑问，希望自己的文章也能影响一些人，当然最终希望的还是我们的教育能一天天变好。

[此文 2019 年 7 月获"行者杯"全国首届中小学教师随笔大赛全国十六强，后载于《教师博览》（原创版）2021 年第 12 期]

点灯人语

我1998年踏上讲台，从当老师的第一天起，就带领学生大量阅读。

那时我工作的单位是一所山村完小，因为学校藏书不多，我就用捐款买书的方式，为学生建起班级图书馆，开始带领学生"放羊式"阅读。之后又尝试用"我讲你听""班级读书会""跟着名家学写作"等方式，推广儿童阅读。从激发学生的阅读兴趣，提高学生的阅读量，到精读名家名著，追求阅读的品质，一步一个脚印，一走就是二十三年。

"却顾所来径"，幸好我通过写作，不时地把自己在班级阅读、亲子阅读、社会公益阅读等领域的探索与实践化为文字，保留了下来。文字，突破了时间与空间的界限——我想，这就是写作的力量。

"孩子们都喜欢听故事,只是身边常常缺少讲故事的人。也许,我可以给他们讲故事。朴素的想法,创意的举动,于是就有了我们看到的温馨一幕——

瓜渚湖畔公园故事会
颜颜爸爸与小朋友相约星期六

公园故事会,孩子们听得特别搜有多专心了

　　柯桥,夜幕下的瓜渚湖西岸公园热闹而喧哗,有些闷热。前天晚上8点,当我们一路辗转找到那里时,颜颜爸爸已经开讲了。(因为这个周末他要去旅游,原本星期六的约会提前了一天)一台笔记本电脑,一个小小的扩音器,还有20把小凳子以及一群围坐在旁边的孩子与家长,构成了一个和谐温馨的场景。

记者 徐霞鸿 文　王丽红 摄

"读"过十年,"阅"有滋味

——一个农村教师推广儿童阅读的探索及面临的问题

每年的4月2日是世界儿童阅读日,2008年的阅读日又要到了。蓦然回首,自己已经带着学生阅读了近十年,用梅子涵老师的话来说就是:自己已经做了十年"点灯的人"——把一本又一本有趣也耐人寻思的书带到了孩子们的面前。一路读来,虽非一帆风顺,但磕磕碰碰之中却也"悦读阅美,阅有滋味"。

不信东风唤不回——推广儿童阅读的探索时期

一、"放羊式"阅读期

我1998年参加工作,一开始就特别注重培养学生的阅读兴趣,要求他们多看课外书。当时那样做并不是为了让学生"做一个有根的人",也不知道阅读和学生今后的学习与发展有非常密切的联系,只是简单地想:多看书不是坏事,一个语文老师应该让学生爱上阅读。但那时,对于一个山村的学生来说,课外书无非就是几本作文选,再要他拿出其他的课外读物就难如登天,更不用说优秀的儿童文学作品了;而且当时学校图书馆也是有名无实,仅有的一些书籍不是太旧（内容），就是太破。鉴于以上情况和自己对于课外阅读的重视，我决定在班级中开展捐款买书活动，让学生捐出一本书的钱，得到看四十余本书的回报，建起一个班级图书馆。于是通过家长会上的解释和动员，我终于和学生一起从县城买来了第一批图书……

班级图书馆建起来了，孩子们也有书看了。但那时完全是放任孩子们自己阅读，平时我很少加以引导，只是定期组织他们交换借阅。虽然当时买的书也还算经典，如《鲁滨逊漂流记》《小学生自然百科》《世界童话名著》等，但因为自己没看过，不知道这些书的有趣与精彩，所以很少向学生推荐，很少在课内和他们进行交流、讨论。因此，学生看过书后有多少收获，对他们现在和今后的学习有多少影响，等等，我都知之甚少。虽然像这样自由的、不加引导的阅读，有些任其"自生自灭"的味道，但那时也是出于无奈：一则自己作为一个新教师，缺乏引导学生开展课外阅读的经验；再则那时对于课外阅读并不像现在这样重视，身边没有可以询问的老师，而且网络交流也没有现在这样方便快捷。因此，所有的一切只能靠自己摸索，在实践中积累经验，慢慢成长。

二、"我讲你听"阅读期

2001年9月，我教五年级语文。那个时候在教育教学领域关于阅读的一些研究或推广活动仍然很少耳闻，不像现在整个社会都在关注阅读，亲近母语，创建"书香校园""书香社会"等。因而自己引导学生开展课外阅读仍然是"跟着感觉走"。虽然仍不知道给学生推荐哪些书，但觉得让他们读一些经典名著总不会错。因此，一开学我就让学生购买《三国演义》来读。选择这本书是因为自己在暑期里认认真真把它读了两遍，颇有印象，跟学生聊起时也不愁无话可说。书买到之后，学生每天的家庭作业就多了一项——看一回《三国演义》。但没过多少日子，就有学生向我反映：《三国演义》有些看不懂。这也难怪，毕竟学生还只在读五年级，毕竟《三国演义》不是白话文。于是，为了让学生顺利地阅读下去，同时也为了更好地吸引他们阅读，我决定在学校里抽出时间给他们讲《三国演义》，一天一回，学生自己回家先看，然后我简要地讲一下这回说些什么内容。开始时，学生对于回家看《三国演义》还有些敷衍了事，但在我每天声情并茂的解说下，慢慢地被那些熟悉而又新奇的故事情节所吸引，回家后开始认真地去看去读了。当时，为了让学生对故事中出现的人物有更多更深的了解，我还发动学生把他们平时在玩的一些"三国人物卡"贴在走廊的窗户上。在这样的引导下，大部分学生对故事的理解更加深刻了，阅读慢慢地转变为"悦读"。

一种新的阅读方法——"我讲你听"，就在如此偶然的情况下产生了。这跟今天亲近母语课题组的"大声读"实验很类似，同时也有些单田芳评书的味道。而我自己也走上了"评书"之路，讲"三国"、说"水浒"、评"西游"……学生们也在这个过程中接触了经典，爱上了名著。记得那时班上有一位女生，一天我发现她的书的封面掉下来了，问她是怎么回事，她竟哭了起来。原来是她的爸爸叫她吃晚饭时，她还拿着书在认真地看着，她爸爸便夺下书把它给扔了……是啊，学生如此爱书，我还有什么话可说呢？正是营造好了这样的读书氛围，像杨红缨、张之路等儿童文学作家的作品，也开始慢慢地走进学生的读书生活。但以今天的眼光来看，当时开展的阅读活动仍然存在着许多问题，如自己对优秀的儿童文学作品知之甚少，看完书后，不知道如何开展相关的延伸活动，把阅读引向更为广阔的天地；在阅读的过程中，很少鼓励学生质疑，同时自己也缺乏与学生应有的讨论与交流……但看到学生们因为受自己的影响而喜欢看书、爱上阅读时，仍倍感欣慰。

三、"班级读书会"阅读期

随着《义务教育语文课程标准》的颁布实施，儿童阅读也越来越被重视。《义务教育语文课程标准》正式对儿童在小学阶段的课外阅读总量做了明确规定（小学阶段课外阅读总量不少于145万字），同时把"培养学生广泛的阅读兴趣"作为提高学生语文素养的基本途径之一。儿童阅读推广运动随之兴起。2005年7月，一次偶然的机会，我加入了人教论坛的"萤火虫教师读书会"，正式成为一名儿童阅读推广者，同时也接触了一种新的推广儿童阅读的方法——班级读书会。著名儿童阅读推广人王林如此定义班级读书会：一种以班级为单位，在教师的组织和指导下，在语文课堂上开展的阅读活动。它是由老师指定（或师生共同确定）一本书（或相关主题的书），师生共同阅读，然后在班上进行讨论和延伸的活动。也是从那时起，我对儿童文学有了初步的了解，开始接触一些优秀的儿童文学作品，如《乌丢丢的奇遇》《特别女生萨哈拉》《淘气包埃米尔》……不知不觉之中，我已深深地爱上了儿童文学。每次逛书店，总不忘到少儿读物区去看看。当然在这个过程中，受益最大的还是学生。因为我把一本又一本优秀的儿童文学作品带进了课堂，并尝试着开展班级读书会，给他们读《草房子》，读《爱的教育》，读《不老泉》……一边读，一边不忘与学生交流成长的烦恼，讨论爱的意义，探寻生命的真谛……在读中，孩子们享受到了阅读的乐趣；在读中，孩子们明白了做人的道理；在读中，孩子们的阅读也由"引导式阅读"转向"自主式阅读"。

　　在自己班开展班级读书会的同时，我也把"触角"伸向了低年级。一个班一个班地给他们讲《你看起来好像很好吃》，讲《不一样的卡梅拉》，讲《小熊毛毛的美好生活》……并且在讲的过程中发生了许多趣事。一次，我和小朋友们一起读了《你是特别的，你是最好的》之后，又一起做了手绘书《有关系》，在网上被台湾儿童文学作家方素珍老师看到，还得到了她的表扬。还有一次，一个二年级的小朋友在路上拦住我说："朱老师，你什么时候再给我们上'恐龙'课？"原来这个孩子还牢牢地记着一年级时，我给他们上的那次《你看起来好像很好吃》的班级读书会……就是在这一件又一件的小事中，在孩子们听故事时的欢声笑语中，我真正明白了"悦读阅美"这个词的含义。虽然我的班级读书会没有窦桂梅老师的《我爸爸》那样智慧大气，也没有周益民老师的《乌丢丢的奇遇·逆风的蝶》那样灵动细腻，但我依然会以我自己的方式"读"下去，将班级读书会进行到底，因为"行动，就一定有改变"。

　　"读"过十年，"阅"有滋味。这就是我——一个农村小学语文教师推广儿童阅读的探索之路。

山重水复疑无路——推广儿童阅读面临的问题

反观十年的儿童阅读推广之旅，在与学生一起享受阅读的快乐与幸福的同时，我也看到了农村小学在推广儿童阅读过程中存在的一些问题和遇到的一些阻力。

一、"放羊式"阅读仍是农村小学推广儿童阅读的主流

随着课程改革的不断深入，儿童阅读的确被越来越多的语文老师所关注和重视。但由于绝大多数语文老师本身对儿童文学比较生疏，接触的儿童文学作品也相对较少，因而在引导、指导学生阅读时，只能"放羊式"地让学生去读书、看书，而这样做很难激起学生的阅读兴趣。正如奥维尔·普瑞斯特科在《给孩子读书的父亲》一书中所说：很少有孩子会主动喜欢上阅读，通常都必须有某个人引领他们进入书中奇妙的世界。最易做也最能做这句话中的"引领者"的应该就是我们教师。所以我以为，要想让学生"多读书，好读书，读好书，读整本的书"，教师自己首先应该做到，多接触儿童文学，多阅读优秀的、经典的儿童文学作品。只有这样，教师才能顺利地把学生带入书中的奇妙世界，才能让学生爱上阅读，才能从根本上改变"放羊式"阅读——不让这种"高耗（耗时间）低效（效果差）"的阅读方式成为农村小学推广儿童阅读的主流。

二、轻儿童阅读，重学科质量，推广运动步履维艰

虽然"阅读在学生的语文学习之外，例如情感的发育，学习能力的培养，知识背景的拓宽，文化的自觉认同等方面都有着重要的作用"，但在我们农村，学生家长关注的仍是自己孩子的学习成绩。而课外阅读并不能对学生的学习成绩产生立竿见影的效果，并不能让它有突破性的进展。阅读是一个循序渐进、厚积薄发的过程，它关注的是学生全面的、终身的发展，它的效果也只能在一两年以后（甚至更长时间）的学习中显现出来。因而家长们对阅读的认可度并

不高，认为课外阅读只是学生学习之余的"消遣"——是学生在完成所有作业之后才可以干的事情，没有把阅读当成是"学习"———种相对轻松、自由、全面的学习，没有把它放到学生学习的重要位置。

而在学校方面，虽然老师们已经认识到了儿童阅读对学生各方面发展的作用，也知道学生的阅读经验越丰富、阅读能力越高，越有利于各方面的学习。但一方面，由于学生家长关注的是学生的学科成绩，学生成绩的优劣直接关系到任课教师的地位及口碑；另一方面，学校对教师进行考核时，重点之一就是教师所任班级的学科质量，而学生阅读兴趣的有无及能力的高低根本不在考核范围之内。在这样的评价体制下，推广儿童阅读无疑又多了一道紧箍咒。再加上儿童阅读对提高学生的成绩收效甚慢，从而使得许多老师在学科质量与儿童阅读面前，都无可奈何地选择了先抓学科质量，再搞儿童阅读（搞了，也多是"放羊式"地让学生阅读）。如此，儿童阅读推广运动在农村小学愈加步履维艰。

三、农村儿童阅读难以遵循阅读规律，学生爱上阅读不容易

儿童阅读是一个循序渐进的过程。不同年龄段的学生有不同的阅读特点，有不同的儿童文学作品供拥有不同阅读特点的学生阅读。因而在正常情况下，学生接触阅读的过程应该是从图画书开始，慢慢地向文字书过渡，文字也由少到多，作品的文学性和思想性等也慢慢地由浅入深。因而在推广儿童阅读、培养学生阅读兴趣的过程中，最理想的状态就是给你一个班，让你连续带六年（至少三年）。只有这样，才能让学生循序渐进，养成兴趣，充分地享受阅读、爱上阅读，从而真正培养出"终身的阅读者"。

然而，在现实教育教学工作中，推广儿童阅读并非如此理想。其一，由于儿童阅读推广运动在农村小学还刚刚起步，大多数小学教师对儿童文学、对不同年龄段儿童的阅读特点等都还比较陌生，因而在引导学生（特别是低段学生）走进阅读大门时，往往不是从图画书入手，让学生接触的第一本书可能是《三字经》《论语》等这些大人眼中的"经典"，但在学生的眼中却显得有些枯燥乏味。从而使儿童对于阅读的第一印象大打折扣，阅读缺乏主动性，认为书是给大人读的——这也是眼下儿童对阅读不感兴趣的原因之一。其二，由于任课教师对于带班没有决定权，往往一个班级的学生你刚刚开始引导他们阅读，第二年这个班可能就不让你带了。在农村小学，毕竟还缺乏大量的"点灯的人"，因而这个班的阅读活动往往就此终止，从而让那个"稀有"的阅读推广人在叹惜的同时深感阅读推广"孤掌难鸣"。像笔者从2005年起，连续三年带的都是六年级，一年换一届学生（大部分学生在此之前并没有太多的"悦读"体验）。虽然每一届学生，我都尽了自己最大的力量去引导他们阅读，但他们进入初中后，还能不能在紧张的学习中继续坚持阅读，自己心里仍然没底——毕竟一种习惯的养成不是一朝一夕的事情。正是这些原因，使得儿童阅读在农村小学推广的过程中形成了随意性强、连续性差、科学性缺乏的现状，从而让农村小学的学生爱上阅读、坚持阅读有了一定的难度。

后记

眼下，儿童阅读推广运动方兴未艾，"通向阅读世界的窗口"的班级读书会也正如火如荼地进行着。虽然阅读这列"火车"在行进的过程中遇到了这样或那样的阻碍（有教师个人的，也有教育体制的），使我们这些"点灯的人"感觉"山重水复疑无路"，但自己推广阅读的十年经历告诉我，我们农村小学的孩子太缺乏阅读了，也太渴望阅读了。他们的阅读心田犹如一块干涸贫瘠的土地，太需要书籍雨水的滋润，哪怕是那么一点一滴也好。同时阅读能力也已被世界各国公认为是"一切学习能力的基础和核心"，是"帮助一个人成材的最低成本的方式"。由此，我相信农村儿童阅读推广必将"柳暗花明又一村"。为了孩子，为了阅读，为了好书不再寂寞，让我们在推广阅读的路上继续前进。

（本文获浙江省第三届教师读书征文一等奖，原载于《教育信息报·教师周刊》2008年12月27日）

更行更远阅读路

2008年年底，我收到一位已经在读大二的学生的来信，她在信中说：

我是朱老师带的第一批学生，转瞬之间，七八年过去了。记得那时朱老师带着我们这帮小孩跑市区去淘书，还鼓励大家踊跃捐出自己的书。一学期下来，班级图书馆有模有样地建起来了。自从有了这个精神食粮的仓库，同学们阅读的积极性明显提高了。我也是在那时，读了很多让自己受益匪浅的书，像莎士比亚的四大悲剧和四大喜剧，塞万提斯的《堂吉诃德》，司汤达的《红与黑》，等等，不管是在中学还是大学，自己都感觉有种精神上的富足感。记得前年我填写大学专业时，毫不犹豫地选了中文专业，追根溯源，真正燃起我对中文专业兴趣的还是朱老师，他在我们身上所花的心血，并没有随着时间的流逝而消失……

这位学生名叫陈芳堰，收到她的信我有些意外，读了她的信我倍感欣慰。想不到当初"放羊式"地让他们读了几本书，竟然产生了这样的影响。回想自己十余年的教学生涯，从她们这一届学生的"放羊式"阅读开始，到"我讲你听式"阅读，再到开展班级读书会，我一直带着学生行进在阅读的路上。当然，这脚步现在仍未停止。

公园故事会：故事相随，有梦就美

7月31日，星期六，今天到瓜渚湖西岸公园时还只有七点。妻子马上帮我打开故事会的X展架，女儿颜颜忙着摆放小凳子，而我则拿出图画书又把故事熟悉了一遍。因为故事会要七点半开始，所以此时还没有小听众坐下来。天还没黑，风很大，散步的人三三两两地从前面经过，偶尔有人驻足片刻，看一下X展架上的那句"相约星期六，听颜颜爸爸讲故事"，然后又走开了。

七点二十分左右，茜睿一家到了，这个小女孩还在读幼儿园，但已经听了我整整一年的故事了，风雨无阻，每场必到。不一会儿又陆续坐下来几位小朋友，加上家长，基本上已经把二十个小凳子坐满了。七点三十分，我打开电脑，捧起书，故事会准时开始：小朋友们，今天颜颜爸爸带来的故事是《我不要被吃掉》，它是"不一样的卡梅拉"系列中的第八个故事，还记得封面上两只小鸡的名字吗……

这是第59场公园故事会。讲完故事，茜睿爸爸一定要帮忙收拾凳子，还硬要帮我把凳子拿到车上。收拾时他说："你讲故事已经整整一年了，想想也真不容易。但我想，你都能够坚持，那我们就更应该坚持了。"是啊，从2009年7月11日晚第一次讲故事开始，到现在已经整整一年过去了。当初会做出这个"惊人之举"，如果我说"是因为孩子喜欢听故事，但身边缺少讲故事的人，而我热爱儿童阅读事业，想让更多的儿童爱上阅读"，这话自己听了都有点不信。但不可否认，这也的确是原因之一。当然还有其他好多原因，但真正促使我行动的原因是那时我申请市阅读力提升工程书香讲师失败，一度心灰意冷之后，忽然意识到：如果我真的想为儿童阅读事业做点事的话，难道一定要有关部门的安排与任命吗？我们已经习惯了被动，而渐渐淡忘了主动。想到这一点，加上自己天真的个性，就这样开始了我的公园故事会。

记得第一次故事会时，我怕没人来听，所以叫了一些朋友带着自己的孩子来捧场。故事开始后，让小朋友们围坐在电脑前看屏幕上的图画，而我则借着公园路灯的光，照着图画书上的文字简简单单地读下去。因为是在露天讲，公园又很空旷，听的人也不多，所以感觉很怪，自己犹如置身于旷野之中，说出去的声音，好像立刻被什么东西吸走了似的。尽管已经很大声了，但还是无济于事。可能由于紧张的缘故，不一会儿功夫，我就把故事读完了，一看时间，才花了十五分钟。而自己准备的故事又只有一个，没办法，第一次故事会只能这么草草收场。第二次故事会，准备工作做得相对充分了些，不但准备了两个故事，而且还向同事借了一台扩音器。讲的时候也自然了些，听的小朋友也多了些。虽然我只是简简单单地把故事读了一遍，但小朋友们还是非常喜欢。之后，为了让更多的人来听我讲故事，我在"绍兴E网"论坛发了一个帖子；之后，听的人多了起来，我又去买了十个小塑料凳；之后，《绍兴晚报》的记者得知了此事，于是在市区也开设了一个"颜颜爸爸故事会"，由我和众多志愿者为小朋友讲故事；之后，在故事会后，家长们开始与我交流亲子阅读中的疑问或请我推荐一些书给他们的孩子看……本想在开学后结束公园故事会，但因为看到故事会已经开始影响一些人和一些家庭了，而且自己也开始拥有一些忠实的听众，在这样的情况下结束似乎有些前功尽弃的味道，于是在绍兴县报社和县教育局的帮助下，我把讲故事的地点换成了绍兴县图书馆，在平时的每周日上午继续为小朋友们讲故事。

讲到现在，我已经为小朋友们带去了六十多场故事会，近百个故事。而故事会的目标，也由最初的"只想把故事带给更多的孩子，让更多的孩子爱上阅读"，转变为推广亲子阅读——让更多的家长知道讲故事不难，讲故事是为了带给孩子快乐；知道讲故事时，重要的不是故事本身，而是亲子共处的那段亲密时光。通过与家长们的交流我才知道，原来现实中许多家长不给孩子讲故事，不是因为没时间，而是因为觉得讲故事太难，要求太多，如普通话要标准、记性要好、讲的时候还要有感情，等等。而那些在给孩子讲故事的家长又太功利，太看重故事本身，从而讲故事时少了许多快乐。在这个过程中，我不知不觉地把讲故事的接力棒传到家长手中，其实也只有这样，才有可能让更多的孩子听到更多的故事。如果仅凭我一己之力，影响力太小了。

　　说实话，一年下来，感觉的确很累。特别是听故事的人少的时候，我感觉自己特像一个无助的小丑，所以心里经常打退堂鼓，打算不讲下去了。但当我看到故事带给了孩子们快乐，看到有越来越多的新面孔出现在故事会上，看到有越来越多的家长信任我，都要我为他们的孩子推荐书看，看到远方的朋友发短信给我说"胜阳，到公园讲故事的举措真好"……我想，我应该坚持下去！一位网友在论坛中跟帖说：现在的孩子什么都不缺，吃的、穿的、玩的……缺少的就是故事对于心灵的润泽。是啊，现在的孩子需要故事。所以当讲完故事，有孩子稚气地问我下次还讲不讲时，我真的狠不下心说不讲，依然回答："下次还讲！"

　　我不知道自己算不算是一个理想主义者，但可以肯定的是自己是一个天真的人。尽管已过而立之年，从教也已十年有余，但无论是看世界、看教育，还是看自己的人生，都还是相当天真的。也曾经觉得天真不好，想改，让自己变得世故圆滑一点，或者说是"成熟"一点，但没有成功，我已天真到骨子里了，没办法。现在想来，其实天真不坏，真的不坏，这世上也有许多事需要天真的人去做。也正因为如此，才有了我的"颜颜爸爸公园故事会"。台湾著名的儿童文学作家方素珍女士看了我讲故事的经历后，对我说："故事相随，有梦就美！"我想是的，对于孩子，对于我都是如此。而我也已经做好了在今后每逢暑假（在平时讲，对工作还是有一定影响）便去公园讲故事的准备。因为我不想故事会如作秀一般，在社会上昙花一现，便草草收场，我希望把故事会继续办下去，让故事会走得更远。

班级阅读：你快乐，所以我快乐

"朱老师，这本《月轮熊》我又看好了！"晨读课上，我走到沈晓峰身边时他跟我说。昨天他也这样跟我说过，想不到现在沈晓峰看书会这么快，看书的兴趣会这么浓。但我马上感觉有点不对劲儿：沈晓峰这本《月轮熊》是昨天傍晚刚借的，难道他真的会看得这么快？我便问他："你真的把这本书看好了？""真的，朱老师我真的看好了！"沈晓峰话音刚落，他们组的组长严林芳说话了："朱老师，沈晓峰昨天家庭作业没有做好，我们组就只有他的家庭作业没有交了……"

自从班级里添了新书后，学生的阅读兴趣的确越来越浓了，以至于像这种因太迷恋阅读课外书而忘做家庭作业的情况也偶尔会出现。但一年前我刚接手这个班级时，情况却不是这样的。

2009年9月，我刚到这所小学教五年级语文。开学第一天就了解到这班五年级新生在过去的四年里，除了作文书和几本童话书之外，基本上没有看过其他任何课外书。本想到学校图书室借些书给他们看，但这所学校的图书室与我十年前刚教书时的那所学校的图书室差不多：地上乱七八糟地摊着循环教科书；书架上已经编号的一些书覆盖着厚厚的灰尘，看书名，很少有学生感兴趣的图书；纸箱里一些未编号的图书，无论装帧设计还是内容，都很难引起学生的阅读兴趣。时光仿佛又回到了十年前刚参加工作那会儿，学生手头没书，学校也没好书。唯一不同的是自己在引导学生阅读这条路上经过十年的摸索，已多少积累了一些经验。为了让书籍走进这班学生的童年，让他们享受到阅读的快乐，从而爱上阅读，于是我一切从零开始。

我先向这班学生推荐了《草房子》《城南旧事》和《我所知道的野生动物》等几本书，让他们自己去书店买。接着又给他们安排出阅读时间。书买来后，学生们看书的兴致很高。但一个月下来，书看完了，刚刚激发起来的阅读兴趣，因为没有新书看，马上又要低落下去甚至消失。在这样的情况下，我又想到了十年前的做法，由学生自己出钱然后集中去买书。在家长会上征得家长的同意后，我立即用这笔钱购买了一百多本新书，把国内外最优秀的一些儿童文学作家的作品带到了学生面前，班级的阅读也由此步入正轨。

　　书有了，看书的时间也定下来了。但仅靠这两点就想让这班学生爱上阅读，养成良好的阅读习惯，那还远远不够。因为这个班中的绝大部分学生根本没有品尝过书的"美味"，让他们主动拿起书来看很难。山不过来，那就我过去。于是我从开学第三个星期起，每周用一至两节课的时间，大声读故事给他们听。这么做的目的还是一个：品尝故事的味道，激起学生阅读的兴趣，"帮助孩子成为一位真正的读者"。一年下来，我为这班学生读了《埃米尔擒贼记》《下吧，北极的雪》和《造梦的雨果》等四五本书。这个过程中，最令人惊讶的是学生听故事的热情，每次一说"这节课听故事"，他们就欢呼雀跃。可能是因为在这节课上，他们没有负担，只享受故事带来的快乐。

　　当然，每次读完书后，我总不忘再花一两节课的时间来开班级读书会，讨论听的收获、感想和疑问等。像读完《下吧，北极的雪》一书之后，更是花了两周的时间来讨论这本书。因为当时刚好是哥本哈根气候峰会召开期间，而故事中的海豹就是因为气候变暖而导致栖息地丧失。于是我们先关注新闻，关注哥本哈根气候峰会，了解全球的气候变化；再由气候问题，进而让学生观看了《难以忽视的真相》和《家园》两部纪录片；然后再搜集相关资料，了解自然界中其他野生动物的生存现状；做完这些铺垫之后，最后回到课堂，来深入交流读了这本书之后的感想，体会海豹菲加的喜怒哀乐。当然更自由的交流还是在平时，课间休息时或放学排队时，我随意地走到几个学生中间，问他们现在在看什么书，感觉如何，一些同学的观点还真的非常有见地。

　　与此同时，我还让学生建立自己的"阅读成长记录卡"，把自己看过的书的书名和作者记下来。之所以只记这些，而不记阅读的感想和疑问等，主要还是为了不让阅读带给学生压力，让他们无负担地阅读，从而去细细地品味阅读的快乐。这对刚刚开始阅读的学生很重要，因为他们的阅读兴趣还很脆弱。而这张卡在记录学生自己的阅读成长轨迹的同时，还有一个好处，就是当书看到一定的量之后，它会带给学生一种阅读的成就感——自己已经看这么多书了，今后要更积极主动地去找书看。我还设计了一张"阅读坐标"，横向是每一位学生的名字，纵向是每一本书的书名，让学生看完一本书后，给这本书打等级。这样不但让大家看到你看了多少书，同时也给别的同学一个参考，让他们可以根据等级去找自己喜欢的书。此外还开展了"好书推荐会""设计阅读卡""家庭阅读角评比"等活动。

就这样我带着这班学生阅读了一年，到 2010 年 5 月底，全班人均看书 30.6 本，最多的一位同学看了 109 本。一年下来，学生有没有养成良好的阅读习惯、成没成为真正的阅读者我不敢下定论，我只能说，平时拿起书在看的学生越来越多了，谈论书的学生越来越多了，自己去找书看的学生越来越多了，学生抽屉里的藏书越来越多了，从阅读中感受到快乐的学生也越来越多了……学生莫丁波就在日记中这样写道：

转眼间，一学期又要过去了。听说我们下一学期要去阮社小学读书了，要离开这个生活了七八年的学校①，我还真有点舍不得。

今天我们买了本新书，是关于鲁迅的，书名叫《小学生鲁迅读本》。朱老师对我们说，只要学校不搬，下个学期就请刘发建老师来给我们讲鲁迅。我们听了都很高兴……真希望下个学期还是朱老师教我们，因为是朱老师改变了我，是他让我知道了读书的快乐。

读完日记，我在后面写道：

丁波，很高兴你感受到了阅读的快乐。你快乐，所以我快乐！

---

① 幼儿园与小学在同一学校。

不是尾声

　　十多年来，特别是最近几年，我把曹文轩、秦文君、郑渊洁、椋鸠十、米切尔·恩德、罗尔德·达尔等一大批国内外儿童文学作家的作品和许多优秀的图画书带到了孩子们面前，让他们品尝到了书的味道，也享受到了阅读的快乐，慢慢地喜欢上了看书。阅读的目标，也由最初的"因为阅读重要而阅读"转变为"因为阅读快乐而阅读"。实践告诉我：对于儿童来说，快乐是最重要的。如果因为阅读重要而让学生去读书，看重的还是结果，而忽视了阅读过程中的许多乐趣，这对学生来说还是太累了。在这个过程中，我虽然没有什么物质层面的收获，但正如美国儿童文学评论家安妮塔·西尔维在《童年最好的礼物》中所说："在孩子的智力发展过程中，一本好书提供的快乐是其他任何事情都无法比拟的。孩提时代的阅读，带给我们的记忆是时间难以抹杀的。从小一直坚持读书，更能使孩子成功地融入社会。"从这个角度讲，我的收获已经很大了。可以说我做教师的乐趣，很大程度上也都来源于此。

　　行文至此，大家可能会觉得奇怪：为什么我会如此不遗余力地把书带到孩子们的面前，而且一做就是十余年？难道我是一个狂热的阅读爱好者？答案恰恰相反。

　　我是一个农村的孩子，不是出生于书香家庭，在校读书时也没看过多少书，甚至到师范毕业我也只读过几本金庸的武侠小说和一部路遥的《平凡的世界》。可以说我是一个彻头彻尾与阅读无缘的人，书籍也一直在我的生活之外。但就是这样的一个我，却选择了推广儿童阅读。这背后没有什么崇高的动机和长远的目光，我只是不想让自己的遗憾在学生身上重演。是的，因为到师范毕业时我才发觉自己书读得实在太少了，才明白阅读对于人的生命来说真的很重要——可是，我已经毕业了，我已经失去了人生中最适合阅读的时光。所以当上老师后，为了不让自己的学生到时也后悔，我觉得应该让书籍走进他们的生命,越早越好。杨聪老师说:"教育,就是让我把曾经需要的给学生。"是的,教育有时候就这么简单。

(原载于《中小学德育》2011年第8期)

孩子们，毕业前再看些书吧！

1. 《魔堡》
2. 《丛林故事》
3. 《柳林风声》
4. 《OZ 国历险记》
5. 《小鹿斑比》
6. 《彼得兔的故事》
7. 《彼得·潘》
8. 《秘密花园》
9. 《小淘气尼古拉的故事》
10. 《寻宝六人组合》
11. 《女巫》
12. 《塔克的郊外》
13. 《蓝色的海豚岛》

14.《帅狗杜明尼克》

15.《上下五千年》

16.《吹小号的天鹅》

17.《精灵鼠小弟》

18.《吹牛大王历险记》

19.《草原上的小木屋》

20.《当世界年纪还小的时候》

以上二十本书是我从班级书架中挑选出来的经典儿童文学作品。在挑选过程中,有几个男同学围过来看。我问其中的蒋念称:"这些书你看过几本了?"他看了一下说:"只有一本没有看过,其他都看过了。"虽说蒋念称在我教他的两年中,的确喜欢上了阅读,但看了这么多书还是出乎我的意料。接着我又问旁边的沈晓锋和沈烨文,他们俩我也教了两年,书也看了不少。沈晓锋说看了六本,沈烨文说看了七本。我没多做评价,只是跟他们说,趁小学毕业前,再多看几本书。然后我拿着这些书,去六(1)班代课。虽说是代自修课,但这节课我很想与他们聊聊阅读。

上课前,我先让他们把自己最近在看的课外书放在课桌上。大家陆续拿出自己的课外书,但还是有一半同学的课桌上是空的。有书的一半同学,书的种类也不怎么丰富,无非是郑渊洁的书以及我向个别同学推荐过的《安德的游戏》《我的妈妈是精灵》《木偶奇遇记》等几本书,桌上放的更多的是漫画书和网络小说,如《阿衰》《神精榜》《兔子帮》《萝铃的魔力》《同类》《天王》《神龙骑士》……我问怎么没有《乌龙院》和《爆笑校园》,学生们齐声说班主任要没收的,见一本,没收一本。原来如此。但我们老师刚收了《乌龙院》,就冒出了《爆笑校园》,刚收了《爆笑校园》,《神精榜》和《兔子帮》又冒出来了,怎么堵也堵不住。对于究竟应不应该看这类漫画书(以《乌龙院》和《爆笑校园》为例),我刚刚在两个六年级毕业班做过调查。调查的结果是班级中有绝大多数学生赞成看这样的漫画书,而且自己也很喜欢看。他们知道老师反对的原因是认为这些漫画书低俗、品位不高，但他们说，这些书的确能带给他们快乐，带给他们轻松。一节课或是半天学习下来，看一会儿这些漫画，他们觉得能让自己更好地进入下面的学习——有一个学生还说自己是《爆笑校园》的忠实粉丝。

但学生为什么会如此痴迷于这类漫画书，甚至把它们当成自己的精神鸦片呢？我想这应该与我们的学校教育有关。分数至上，忽视学生成长路上的喜怒哀乐，忽视学生成长上产生的困惑和一些心理问题，甚至把学生当成考试的机器、知识的容器。特别是期末复习阶段，不是考试，就是讲解试卷，每天的作业也都是做试卷。学生无聊不无聊、厌倦不厌倦暂且不说，自己作为老师，感觉整天讲试卷、讲试卷，都要恶心死了。而越是侮辱智商的一些题目，出现的频率越高，今天这张试卷上刚讲过，明天那张试卷上又出现了。如此，学生也好，老师也好，怎么可能不反感？其实儿童的生命是很敏感的，对于那些他们不喜欢的事物，会本能地表现出排斥。这一点我也感觉到了，虽然我也于心不忍，但最后我却仍然让学生做试卷，给学生讲试卷。想改变，代价太大；想逃，却无处藏身。

再回到学生阅读的话题上来。其实我个人以为，虽说学生看的是漫画书和网络小说，但我相信这对学生养成阅读习惯，成为一位终身阅读者还是有帮助的。同时我也想说，《乌龙院》等这些以搞笑为主的漫画，或者那些以紧张刺激为卖点的网络小说，就好比是我们平时吃的糖，偶尔吃一颗味道的确不错，但连续吃，经常吃，甚至把糖当成主食了，那肯定不好，身体总有一天会垮掉。虽说学生在看《乌龙院》与《爆笑校园》时并没有感觉到什么害处，相反还感觉特别轻松、快乐，但若长此以往，他们必将很难进入深层次的阅读，同时也体会不到阅读所带来的更深层次的快乐。以我自身的经历而言，当初我就是这样的阅读状态。小学初中时，拿到《故事会》之类的杂志，最先看的就是笑话，其他文章基本上不看。到了师范还是如此，拿到《青年文摘》《读者》，最先看、最喜欢看的就是幽默与笑话。当时自己基本上没有什么阅读习惯与爱好,很少看书,看的话也只看武侠小说。现在想来,实在是太可惜了——我在有大量时间阅读的时候,没有好好阅读,多看几本书。当然现在我仍然喜欢笑话,每天下班后最喜欢听"西湖之声"的"金手指乐翻天";每星期电视报一到,最先看的还是报上的笑话板块;课上好后,若有时间,也会打开网页看一些笑话……因为工作的确很烦琐、很累。许多时候妻子来接我,我坐进车子之后就像一摊烂泥,一点生机也没有,只有听到"西湖之声"里传出孟阳与陶乐的声音时,才会活过来。但我阅读这些搞笑的文字,只把它们当成是我生活中的一颗糖,疲惫枯燥的时候吃一颗,绝不多吃。所以在学生看这类漫画书和网络小说的问题上我还是赞成的,但要注意分寸,我们不能把大量时间花在阅读这类读物上。时间有限,童年中有太多太多经典的儿童文学作品等待我们去阅读,如果现在我们不阅读,那么今后我们还会去阅读吗?还有时间去阅读吗?最关键的还是时间浪费不起啊!

　　了解了六(1)班的阅读情况之后,我一本一本地举起从自己班带来的二十本课外书,问他们这些书看过吗,如果看过就站起来。结果非常令人吃惊——我举起一本,没人起立,又举起一本,又没人起立……二十本一一举起展示之后,只有一位学生站起来两次,另外还有五六位学生站起来一次。我没有批评他们书看得少,也没有指责他们在看漫画书,只是告诉他们:不要以为没有好看的书,其实好看的、经典的书还有很多很多,只是你们不知道而已。而这些书一旦你们在小学时错过了,那很有可能就永远错过了。朱老师最近在看《木偶奇遇记》,这本书我小学的时候没有看过,中学时也没有看,现在才刚刚看。在看的过程中,我想,如果这本书我在小学的时候就遇到了,就看过了,那该多好啊!但时间不会倒流。幸好我现在遇到了,看过了,还把这个故事讲给了女儿听,她听了非常欢喜,但我小时候就没有这份欢喜。梅子涵在这本书的序言中说:"我小时候读过这个故事。后来也读。现在我已经完全不是小时候了,可是还是喜欢读。"读到这句话的时候,你们知道我有多羡慕吗?童年的时候能遇到这样的几本书,那是多么幸福的一件事呀!你们现在有几个同学看过这本书？（有五六个学生举手示意）你们已经读到六年级了，但还只有这么几个学生看过这本书，太可惜了，真的！而生活中这样的好书太多了，刚才有几个看过这些书的同学，你们可以问问他们，《女巫》好看吗？《塔克的郊外》好看吗？《上下五千年》好看吗？最近我还看了《我的妈妈是精灵》，这个故事凄美、感人，从一个精灵的视角描述了一个小学五年级的孩子寻找母爱的心路历程。今天我向你们推荐这个故事，大家有空都去看看吧！我还要向以后的学生推荐这个故事，同时我还要再多看一些这样的故事，从而可以推荐给我更多的学生。

孩子们，再过二十多天你们就要毕业了，你们人生中最宝贵的一段时间就要结束了。虽说现在是期末复习阶段，主要任务是毕业考时考出一个自己满意的成绩，为小学画上一个圆满的句号，但朱老师想跟你们说，希望你们在毕业考试结束之后，千万不要忘记阅读，在暑假里，在进入初中之前，再看一些书。因为你们进入初中后，学习必将更加紧张，竞争必将更加激烈，而可以自由安排的时间也必将更加稀少——到时候再想看书，已经没有时间和精力了。

有些东西看不见，看不见却在那里

——亲子阅读四年回顾

2011年暑假，我赴无锡参加李玉龙老师主持的第一线全国教师高级研修班培训时，女儿在电话中说很想念我。我安慰她，问希望爸爸带什么礼物回来，想不到四岁的女儿回答：给我买很多很多书。这个稚气的、出乎意料的回答让我非常欣慰——看来女儿已经喜欢上书了，这几年给她讲故事没有白讲。

听——重要的是你的声音

女儿出生于2007年6月，一个月后，我刚好放暑假，她从那个暑假就开始听我大声朗读古诗词——那时，她刚刚满月。之所以会这么早就开始带女儿阅读，有两个原因。一是因为自己那时已经带着学生阅读了近十年，清楚阅读的力量，知道阅读能带给孩子童年更多的快乐；二是因为那一年年初，我读了人教论坛"萤火虫教师读书会"寄来的吉姆·崔利斯的《朗读手册》一书，我在书中看到"既然你可以对初生儿说话，就一样可以读故事书给他听""父母的声音是安抚婴儿最有效的工具之一"等观点。

出生才一个月的女儿，虽说脖子都不能竖起来，但我知道孩子早在妈妈肚子里的时候就已经有听觉了。所以，只要是我抱着女儿的时候，我就读古诗词给她听。记得那时候，楼上楼下的墙上房门上都贴满了古诗词，我基本上是走到哪里读到哪里：重重叠叠上瑶台，几度呼童扫不开。刚被太阳收拾去，却教明月送将来。重重叠叠上瑶台……反复吟诵，把这些充满节奏和韵味的古诗词化为声音，吹进女儿的耳朵。尽管我知道此时的女儿是听不懂的，但我只是想让她听到我的声音，仅此而已。

选择古诗词并没有什么特别的原因，完全是因为受自身阅读视野的局限。因为当时自己手头的图画书还不多，根本不知道哪些图画书适合读给零岁的婴儿听。虽说《朗读手册》中也提到一些书，但因为文化和语言方面的差异，这些书并不一定比古诗词更适合婴儿听。而儿歌童谣之类，因为自己读得不多，带学生阅读时也很少涉及，所以最初就没有给女儿读。从功利的角度看，可能读儿歌童谣更适合女儿，她的收获也可能会更大。但看了《朗读手册》后，我没有顾虑了，因为书中说："在孩子 4 个月之前，你读什么书给孩子听其实没有很大的差别，重点在于朗读这件事本身。当你朗读时，孩子会渐渐熟悉你读书的声音及韵律，进而产生安全感。"重要的是朗读本身，这样看来，我做到了。

读——经由图画进入语言的世界

女儿四个月大的时候，我开始从网上大量购买图画书。到今天，家中图画书已经有一千多本。那时，买到的第一批图画书是"花格子大象艾玛"系列、"青蛙弗洛格的成长故事"系列和"不一样的卡梅拉"系列，女儿也正是从那时起正式开始接触图画书。

在这三套图画书中，我选了相对比较简单的"花格子大象艾玛"讲给女儿听。说简单，其实也不简单，对四五个月大的婴儿来讲，这套图画书的图画还是复杂了一点。因为"幼儿是经由图画进入语言的世界的（松居直）"，所以让幼儿接触的第一本图画书的图画最好还是简单一些。但那时接触到的图画书并不多，也不知道哪些图画书适合零岁的婴儿阅读，无知者无畏，所以也就大胆地讲给女儿听，给她看图画，给她读故事。虽然那时女儿还很小，不会说话，但女儿的表现告诉我，讲这些故事还是有一定效果的。记得那时妻子抱着女儿时，我叫她的小名"颜颜"，她一般不会转过头来；但我若叫一声"花格子大象艾玛"，女儿则马上转过头来对我笑。故事真神奇。

但这套书中的几个故事只讲了一段时间就不讲了，因为一个多月后，我买来了迪克·布鲁纳的"米菲"系列丛书，一比较，发现"米菲"更简单——整套图画书故事情节简单，语言充满韵味，图画内容简洁，颜色浓烈鲜亮。对于这个年龄段的女儿来讲，非常适合，的确是"孩子的第一本图画书"。讲"米菲"的时候，虽然女儿还是不会说话，讲故事像唱独角戏一样，但我还是抱着她，贴着她的脸，耐心地把书上的文字念给她听，跟她一起看图画。告诉她，米菲跟着爸爸在海边建城堡、拾贝壳；告诉她，米菲跟着爸爸在动物园里看到了斑马、大象、长颈鹿。从女儿的眼神中我看出，她在听，她在看。当然，我也知道对只有六七个月的婴儿来讲，注意力集中的时间是有限的。所以我讲的时候，只要女儿表现出一点不耐烦的样子，我就停止，下次再讲。因为我觉得，听故事是生活，不是压迫，快乐是最重要的。

写到这里，我想起了另一套特别适合一周岁左右婴儿阅读的图画书——林明子等人著的"幼幼成长图画书系"。这套书我是在2011年年初买到的，看了之后，觉得也非常适合做"孩子的第一本图画书"。（现在朋友也在给他五个月大的儿子读，他感觉这套书的确不错）买到之后我马上选了其中的几个故事讲给女儿听，但她听了，兴趣并不大，觉得这几个故事太短、太简单了。原来有些故事是会错过的，若错过了，就再也补不回来了。这么看来，我更要在女儿适当的年龄，把那些适当的图画书讲给她听了。

反复——让故事驻进心里

到了女儿一周岁左右,她开始学会走路和说话。从此,她认识周围世界的能力迅速提高,范围也不断扩大。只要是眼睛看得到的、手抓捏得到的东西,她都十分感兴趣,好奇心越来越强。此时想让孩子还像不会爬不会走的时候静静地听故事,似乎有些麻烦,所以选择讲故事的时机特别重要。而我把讲故事的时间安排在女儿睡觉前。

那时女儿有一个习惯,就是在睡觉前喜欢喝瓶奶再睡。于是我就在她喝奶的时候讲故事给她听。由于她在喝奶的时候不方便看图画,所以我便选了一本张秋生的《小巴掌童话》读给她听。会选择《小巴掌童话》,是因为这本书中的童话都很短小,读起来方便,而且也比较符合女儿这个时期注意力的特点。但在读给女儿听的过程中,我发现这本《小巴掌童话》很有童趣和诗意,而且极富节奏感和韵律感,是那种特别适合念出来给孩子听的童话,像诗一样。

大海里,一条鲸鱼在游。

鲸鱼的个子很大很大,像一条大轮船那么大。

他游过一个小岛时,碰到一条小鱼。

小鱼很小很小,像一片小树叶那样小。

……

那时,每天晚上我给女儿读两三篇新的童话。我坐在床沿慢慢地读,女儿一边喝奶,一边静静地听,眼睛眨也不眨地看着我——不知道是不是女儿也感受到了《小巴掌童话》的精彩。就这样,我把整本《小巴掌童话》从头到尾重复读了三遍。读的时候不想怎样,只希望这些童话像阳光一样照耀女儿的童年,让她幸福快乐地成长。

现在回想当初讲《小巴掌童话》的方式,其实并不科学。因为对于两岁前的幼儿来说,熟悉的事物更能让他们感到安心,所以在一段时间里重复听同一个故事，更适合他们身心发展的特点。但当时因为女儿还不怎么会说话，也没有主动提出要求，说"这个故事真好听，爸爸你再给我讲一遍"，所以我也就没有反复讲同一个故事给她听。

改变——因《幸福的种子》

2009年年初，女儿还未满两周岁。此时，虽说她还不怎么会说长一点的句子，但已经懂了很多事，已经会自己拿图画书来让我讲故事。而且还把图画书当成自己的玩具，经常拿出来玩。当然好些图画书也都逃不了被撕的命运，"米菲"系列也好，"花格子大象艾玛"系列也好，都有我用透明胶带补过的痕迹。这一时期，我给女儿讲的图画书也慢慢多起来，小兔汤姆、小猪闹闹和小黑鱼等，慢慢地都成了女儿的朋友。

也正是在这一时期，我遇到了一本对自己、对女儿影响都非常深远的书——《幸福的种子——亲子共读图画书》。书的作者是日本"图画书之父"松居直，主要表述的是如何通过亲子共读图画书，引导孩子感受爱和快乐，成为内在充实、有情有爱的人。可以说，是这本书颠覆了我对图画书和阅读的看法，之前我虽然曾经看过《朗读手册》，但我看重的还是阅读本身，觉得阅读重要，阅读有用，还是把图画书当作帮助婴儿成长的工具，讲故事时，多多少少还是功利的。看了松居直的这本书后，我才发现原来在孩子还小的时候讲故事给他听，是为了跟孩子沟通，是为了与孩子交流，是为了让孩子感受到父母对他的爱。而一本本图画书、一个个故事，就是大人与孩子之间的桥梁。虽说松居直先生在书中讲的仅是对图画书的一些看法，却颠覆了我许多固有的阅读理念，如：

* 图画书对幼儿没有任何"用途"，不是拿来学习东西的，而是用来感受快乐的。

* 念图画书给孩子听，正是亲子之间最好的交流方式。

＊图画书不是让孩子自己看的书,而是大人读给孩子听的书。

＊讲图画书只管一个劲儿地讲就好了,不要问东问西,因为这些问题只是为了满足大人的需求。

＊我认为大人不应该将图画书当做帮助婴儿成长的工具。图画书应该是一座桥梁,让大人通过图画书向婴儿说话,或通过亲子间的交谈,让大人与孩子都感受到对方的爱。

作为一个孩子的父亲,当我看了以上这些观点之后,内心有一种强烈的冲动,非常想把这些观点告诉其他孩子的父母。我想这应该也是在这一年的暑假我走进公园去讲故事的动机之一。网上对这本书是这样评价的:"阅读本书,将使你开阔眼界,改变你的不只是对童书、对育儿的看法,而且还有你的人生形态。"想不到真有这么大的魔力。

当然,我看了这本书之后,收获最大的还是女儿。从她两周岁起,我开始每天不间断地给她讲图画书,时间基本都安排在晚上睡觉前。这个时期因为女儿接受能力的增强,所接触到的图画书也越来越多。如佐佐木洋子的"小熊宝宝绘本"系列和"暖暖心绘本"系列等。记得那时女儿特别喜欢听"暖暖心绘本"系列中的《小贝弟的大梦想》,不知道让我和她的妈妈重复讲了多少遍,而且她还重新拿出"花格子大象艾玛"系列的图画书让我们讲——不知道她听的时候有没有似曾相识的感觉。

从此,故事真正成为女儿生活的一部分,想不给她讲故事听已经很难做到。

道理——让故事本身说话

女儿在三周岁左右,心中的问题突然变得多起来了,特别是关于生命、死亡和身体方面的问题:

"妈妈,我是从哪里生出来的?"

"死了是不是不能见到爸爸妈妈了？"

"（指着我的身体问）爸爸，这是什么？"

……

面对这些问题，我真的很难三言两语向女儿解释清楚。没办法，只能向图画书求援，让图画书告诉女儿这一切。所以当女儿向我提出这些问题后，我总会有针对性地选择一些这方面的图画书给她讲。《爷爷变成了幽灵》《鸟儿在歌唱》《汤姆的外公去世了》《小威向前冲》《我的身体》等图画书，就是这个时期给女儿讲的。记得一次给女儿讲完《爷爷变成了幽灵》后，她问我："爸爸，等我很老很老的时候，是不是也会变成幽灵？"这孩子，都知道"很老很老"了，看得出，听了故事之后，"死亡"和"幽灵"对她来说并不可怕了。当然在讲这些故事的时候，我只是讲故事，不讲道理。让故事本身去告诉女儿，让女儿自己去感悟故事。

也是从这个时期开始，我每天记录给女儿讲故事的流水日记。虽说自己也曾经看过吉姆·崔利斯的《朗读手册》和松居直的《幸福的种子——亲子共读图画书》，但今天回过头去看当时记下的那些亲子阅读日记时，还是发现了许多问题。比如看图画。在讲图画书的过程中，除了读文字给女儿听，我还会与她一起看图画的内容。但我从日记中发现，许多时候，我总喜欢告诉女儿图画中关键的细节。像讲"小熊宝宝绘本"系列的《散步》时，我自然而然地告诉女儿，图画中天在下雨，之后，又告诉女儿雨停了；讲《我是霸王龙》时，我直接告诉女儿最后一页图画中的霸王龙是坐在小翼龙的窝里；讲"不一样的卡梅拉"系列中的《我好喜欢她》时，又忍不住引导女儿看第十页的图画中谁在偷罗西娜的帽子……这样的例子还有很多，那时都是在一种很自然，而且自己还觉得没错的情况下发生的。但今天我才发现，自己这样做其实很"残忍"，我在不知不觉之中剥夺了女儿发现的权利和发现这些细节时的快乐（这其实是阅读乐趣之一），同时也阻碍了女儿读图能力的提高。其实我应该放手让女儿自己去看图，去发现，自己尽量少引导。如果她这次听故事时没有发现这一细节，那就把发现的机会留到下次听故事的时候。总有一天，她会看到——实际上，孩子读图的能力比大人要强。但不知怎么，那时就是做不到放手。

除了看图，还有一个我曾经沾沾自喜的认为对的错误做法——接读（就是当孩子对一个故事比较熟悉后，父母在讲故事的过程中，对于一些句子作适当的停顿，让孩子自然而然地把后面的词语接着说出来），但后来实践证明孩子并不喜欢。记得刚开始时，我并没有让女儿接着说的想法，但女儿那时却自己接上说出了后面的词语，让我觉得很有成就感。于是为了满足自己的虚荣心，我便开始故意停顿让女儿接着说。起先女儿也没有察觉，比较配合，但几次之后，她似乎感觉到了我的意图，很严肃地对我说："你怎么不知道的？又来问我了！"或者不耐烦地说："你讲下去呀！你再不讲，故事我就不要听了！"看来讲故事真的一点都不能功利。回头再去看那些带有功利目的的亲子阅读日记片段，我发现，那些时候女儿的笑声特别少。

当然，在给女儿讲故事的过程中还有好些问题，如总会不自觉地站在教育者的角度来讲故事，总是情不自禁地问女儿一些问题，总想把女儿引导到我认为对的地方，还有，把新书带到女儿面前的速度总是太快，等等。但幸运的是，以上的这些问题我已经意识到了，而且已经在慢慢地纠正、克服。

故事力——看不见它却在那里

在给女儿讲故事的过程中，也发生了许多温馨、有趣的故事。这些故事，让我更加深切地感受到故事的力量。

去年冬天，一次我和女儿一起堆雪人玩。雪人堆好之后，女儿问我："爸爸，这个雪人到了晚上是不是会来敲门？是不是会来找我一起玩？"她会这么问，我想应该与之前曾经给她讲过雷蒙·布力格的《雪人》有关，因为故事中的雪人就是在半夜里活了，和故事中的小男孩一起玩了一个晚上。但这一问还是让我吃惊不小，女儿怎么会这么想？难道这个在我的世界中根本不存在的雪人,在女儿的世界里真的会变活陪她玩?但从女儿的这一问中,我似乎感觉到对她而言,雪人是存在的,所以我回答说:"是的,雪人到了晚上会来敲门找你玩的,到时你可不要睡着呀!"

像这样的经历还有一次,那时女儿特别喜欢听幾米的《吃掉黑暗的怪兽》。一天,她在玩的时候,突然对我说:"爸爸,你什么时候给我买一个'吃掉黑暗的怪兽'?"

"吃掉黑暗的怪兽?你买来干什么?"我问。

"我想养一个,它很可爱的!"

"那你给它吃什么呢?"

"我给它吃黑暗呀!我们的床底下不是也有很多黑暗吗?"

"那好。如果能买到,爸爸一定给你买一个。"

想不到给女儿讲了《吃掉黑暗的怪兽》的故事之后,她竟然会真的认为世界上是有这样的怪兽的。如果这个故事我没给她讲过,那她的世界中还可能会有这种吃黑暗的怪兽吗?

两次这样的经历让我感受到,原来这些故事我一旦给女儿讲过之后,故事中的雪人、怪兽就进入了她的内心世界,在她的世界里便又多了这些可爱的事物。那故事讲得越多,她的世界是不是就越丰富呢?想到这些,我暗自庆幸在女儿还小的时候,就给她讲了这么多的故事。至今为止,我想她的世界中应该已经住着小兔米菲、小兔汤姆、小兔彼得、小鸡卡梅拉、小睡熊波波、花格子大象艾玛、青蛙弗洛格、女巫温妮、可爱的鼠小弟、蓝精灵、大野狼、虎王子、睡美人、白雪公主和小矮人……这是一个何等丰富、何等精彩的世界呀!而且一旦进入便永远存在。这一点,我给女儿讲故事时发生的另一个故事可以证明。

那次女儿让我讲弗雷德·马塞利诺的《穿靴子的猫》。这个故事我是第一次看,也是第一次给女儿讲,但讲着讲着,我突然发现这个故事自己小时候似乎听过,特别是"猫告诉路边的农民,说这些草地、麦子等都是卡拉巴斯侯爵

（小儿子）的"这一情节，印象特别深刻。现在回想起来，这个故事我可能是读幼儿园大班时听老师讲过一遍（自己应该从来没有看过，否则印象还要更深刻）。但就是听了这么一遍，这个故事就在我的心里了，永远在了——虽然之前我还没有感觉到这个故事的存在，但它就在我的心中——这种感觉真的很甜蜜。没有人能体会到，故事给我的童年带来了什么。那时候，只有故事才会让我这个调皮捣蛋王在课堂上消停一会儿。可以说，这些故事（好像还有《灰姑娘》和《不莱梅的音乐家》）就是我童年的光。我看不见它，它却一直在温暖我的心。套用金子美玲的诗来说就是：

童年听过的故事，眼睛看不见。

看不见它却在那里，

有些东西我们看不见。

爱——就在故事里

故事讲到这里，已经有四年时间了。四年下来，女儿已经听了近五百个故事。这些故事使女儿发生了怎样惊人的改变，我一下子看不出来。但有一点可以肯定，就是女儿听故事的那段时间是快乐的。同时还有很明显的一点变化，就是女儿听过这些故事以后，会在几个月或半年、一年后的某一天突然对我说：

"爸爸，今天我想听那本厚厚的，里面许多个故事的，还有小兔子、小松鼠、小猫的书，那本书你已经好久没给我讲了！"（《小兔彼得和他的朋友们》）

"爸爸，今天晚上你给我讲那个一只母鸡去散步，然后有一只狐狸想吃她的故事，好吗？"（《母鸡萝丝去散步》）

"爸爸，你给我讲家里有水的故事。"（《弗洛格是个大英雄》）

……

这样的"谜语"不是给她讲过故事的人是猜不出来的。有时候，哪怕是我也猜不出女儿的"谜语"。记得一次，女儿说要听"耳朵长长的小兔子"的故事。我说是不是小兔米菲？她说不是；小兔彼得？她也说不是；小兔汤姆？她还说不是。后来问女儿故事中还有谁，她说还有一只想吃小兔子的大野狼，我这才明白过来，原来女儿说的是埃米莉·格雷维特的《大野狼》，这本书的封面上的确有一只耳朵长长的小兔子。

当然，这些"谜语"无论能不能猜出，都是给女儿讲故事过程中有趣、好玩的事，但也不免有让人苦恼的时候。比如女儿爱上故事之后，每天晚上没完没了地让我讲故事。许多时候，一个晚上就要我讲五六个故事。大多数情况下，如果没有妻子的分担，我真的有些吃不消。这个问题，也同样困扰了许多给孩子讲故事的家长。我在公园讲故事时，就经常有家长问起这个问题，说应该怎么办，开始时我也不知该怎么回答，因为这也是困扰我的问题。但后来听了一位儿童阅读推广人的讲座之后，我才知道原来讲故事不能没有节制。他说，如果我们家长工作一天真的很累了，那就应该把自己真实的感受告诉孩子，让孩子知道爸爸妈妈真的需要休息，故事最多只能讲一个或者两个，让孩子学会关心我们。这也是孩子成长过程中必须学会的一课：顾及他人的感受，学会关心他人。一味地满足孩子的要求，不是好事。今天孩子身上的许多问题，就跟这一点有关。

这位儿童阅读推广人的一番话，解决了这个困扰我很长时间的问题。但至今我心中仍然存在着许多没有解决的问题。如我不知道孩子为什么特别喜欢与放屁、鼻屎之类有关的故事，像女儿就特别喜欢听麦特的《挖鼻孔的大英雄》，每次听到小猪鲁鲁把鼻子里挖出来的鼻屎吃进嘴巴或放了个大臭屁把大灰狼臭跑了等情节时，总会笑个不停。同样我也不知道为什么孩子会特别喜欢那些与恶作剧有关的故事，像《我的奶奶真麻烦》这个故事，女儿就特别喜欢听，原因就是故事中的奶奶老是搞恶作剧，把女歌唱家赶跑，把爸爸的车库变成会飞的旅行社，等等，听一次，开心一次。我想这应该与儿童的心理特点有关，但我不知道这之间究竟是什么关系。最近，我在给女儿讲菲利克斯·霍夫曼的

《狼和七只小羊》，这个故事女儿至少听过十遍了。那天，她听着听着，突然问我："狼又不会说话，它怎么说话了？"这个问题又把我问倒了。我不知道女儿怎么会这么想，也不知该怎么向女儿解释，只好先把这个问题放在一边，继续把故事讲下去。

这样的疑惑还有很多很多，但无论有没有解决，都是我的收获。女儿在故事里除了收获快乐之外，也还有太多太多看不见的收获，"爱"就是其中之一。女儿看不见，但"爱"，就在故事里。

（原载于《读写月报·新教育》2012年第5期）

儿童文学作品读书笔记七则

壹　你也能吃到苹果——读《想吃苹果的鼠小弟》

早在两年前，电子版的《想吃苹果的鼠小弟》我就已经看过了。今天收到同事让我代买的这本书，闲着没事，我又翻了起来……

有一棵苹果树，树上有八个苹果，树下站着一只想吃苹果的鼠小弟。

"来了一只鸟，拿了一个苹果。"

"要是我也有翅膀……"

"来了一只猴子，拿了一个苹果。"

"要是我也会爬树……"

……

简单得不能再简单的话语，简洁得不能再简洁的画面，看了却让人忍俊不禁，回味无穷。你看，当鼠小弟说"要是我也有翅膀"时，画面中他那张开手臂，使劲挥动的样子，既可怜又可爱。当鼠小弟说"要是我也会爬树"时，画面中他咬紧牙关使劲往上爬，但还是不断地向下滑。看的时候，自己好像也与鼠小弟一样，咬紧牙关在使劲往上爬。真佩服上野纪子的画画水平，能把鼠小弟的神态画得如此活灵活现。

接着又来了大象、长颈鹿、袋鼠、犀牛，他们都用自己拥有的本领，拿到了树上的苹果。而苹果也越来越少，最后只剩下两个苹果了。鼠小弟心有余而力不足，只能眼巴巴地看着别人吃到苹果，自己却一点办法也没有。看到这里，似乎鼠小弟一点本事也没有，又矮又小，又没力气。但就在这时，来了一头海狮。鼠小弟问："你会飞吗？会爬树吗？有长长的鼻子吗？……"海狮说："这些我都不行，不过，我有一个本领……"说着便用鼻子把鼠小弟举到了树上，一人一个，吃到了苹果。原来，什么都不会的鼠小弟和海狮也能吃到苹果。这也印证了那句古话：天生我材必有用。

是啊，其实在许多时候，我们都不必自卑，不必羡慕别人所拥有的特点或长处，我们也有自己的特点和长处。重要的是认识自己的特点，可能这些特点在别人眼中并不是优点，但这没关系，重要的是你自己对它的看法。

《想吃苹果的鼠小弟》故事虽然简短，但我相信，孩子在听我们讲故事的过程中，一定会有自己的收获与感悟。如"人与人之间应该学会合作""人应该懂得在自己的基础上发展自己"，等等。我想，这就是这套"可爱的鼠小弟"系列绘本能成为世界绘本经典中的经典的原因所在吧。

贰　"你是特别的，你是最好的"——读《火鞋与风鞋》

第一眼看到这书名，心中就很好奇：火鞋与风鞋是什么鞋呀？自己怎么从来没听说过？它讲的是一个怎样的故事呢？……带着这些疑惑，我翻开书本。原来火鞋与风鞋的确是两双鞋子，一双崭新的红色童鞋和一双成人穿的大鞋。但在故事中，这两双鞋子其实是主人公迪姆和他父亲的别名。所以《火鞋与风鞋》讲的其实就是迪姆与他父亲之间的故事——

在一个大城市的地下室里，住着迪姆一家。虽然他们并不富有，但日子却过得很温馨。可是，迪姆——这个差不多七岁了的小男孩，因自己长得又矮又胖、家里又没钱，常常感到沮丧。甚至不想再做迪姆，要做另外一个男孩子。所以迪姆的父母就在他七岁生日那天，送给他一样特别的礼物：一双崭新的红色童鞋和一双成人穿的大鞋，还有一大一小两个背囊。爸爸告诉迪姆，等学校放假了，就带他出门做一次伟大的旅行。正因为这份生日礼物，迪姆和他的父亲各有了一个别名——火鞋与风鞋。

随着旅行的开始，火鞋与风鞋的故事也随之展开，迪姆也因此而慢慢地成长起来：一路上，当火鞋听到灌木丛下有声音在响，以为有蛇，吓得尖叫起来时，风鞋告诉他，人应该勇敢；当火鞋不敢独自一人过独木桥想让风鞋拉他一把时，风鞋偏偏径自过桥，走得远远的，以此来告诉火鞋，人应该自强自立；当火鞋饥饿疲劳、天黑迷路时，风鞋告诉他，人不应该悲观绝望，"只有在极其孤独，极其悲伤的情况下，才可以说'黑暗'"；当火鞋到街上玩，因为自己长得胖，而被别人嘲笑、不跟他玩时，风鞋告诉他"你是特别的，你是最好的""你就是一只讨人喜欢的'小黑羊'"……最终火鞋迪姆意识到，自己不是一只"伤心的小黑羊"，而是一只"幸运的小黑羊"，从此他也就"不再为自己要这要那"了。

故事轻松、诙谐，从头至尾氤氲着淡淡的温馨，让人在不知不觉中，便把故事看完了；在不知不觉中，自己也经历了一次心灵的成长之旅。是啊，我们每一个人其实都很普通，身上都有这样那样的不足：自卑、胆小、其貌不扬……但这些都不是最重要的，最重要的我们如何悦纳自己，如何肯定自己，如何超越自己。像故事中的火鞋迪姆，他其貌不扬，家境不好，而不想做自己，想做有钱人家的孩子。但风鞋这位聪明的父亲，让迪姆通过一次旅行，发现了自己，肯定了自己。于是便有了迪姆拉着乱跑的阿尔玛不放的一幕；有了迪姆与不相识的孩子们一起踢球、玩印第安儿童游戏的一幕；有了父子俩进行吹雨滴比赛的一幕……

是啊，人重要的就是悦纳自己，长得与众不同又有什么关系呢？因为你是特别的，你是最好的，你是世界上所有的孩子中最让父母称心如意的一个——你，就是你。

叁 淘气，永恒的魅力——读《小尼古拉的课间休息》

《小尼古拉的课间休息》是"小淘气尼古拉的故事"系列中的第二部，作者是法国的勒内·戈西尼，插图是世界漫画大师让-雅克·桑贝画的。虽说他俩共同创造的小尼古拉是个风靡半个多世纪的经典人物，但在此之前我对小尼古拉却一无所知。当然，对两位大师级的作者同样知之甚少。

正如故事的题目所言，主人公小尼古拉是一个淘气的孩子。他因为上课玩"欧今叔叔的鼻子"，回答不出老师的问题，而被留校处分；因为得到了一只手表，一刻不停地看表，还不时地告诉爸爸妈妈时间，而搞得他们很尴尬；因为在屋里玩球，而不小心把爸爸最喜欢的粉色花瓶打碎；因为捉蝌蚪，而把自己弄得浑身是泥，湿得跟落汤鸡似的……同样，他的伙伴们也是一群淘气的孩子。他们因为麦星星有一个小印刷盒，而想印一张报纸，最终为谁做总编而大打出手；本来小尼古拉和乔方准备等课间休息时再打架，结果到了课间休息时，伙伴们为了争着当裁判相互开战，而小尼古拉和乔方却没有打成；老师带着大家去参观艺术博物馆，大家没有好好参观，好好听老师讲画，却都在地上滑来滑去，还玩跳山羊，亚三还把其中的一幅小画拿下来，想买下它，问管理员要多少钱……像这样令人忍俊不禁的情节比比皆是，给我们读者带来了轻松与快乐。当然，这欢声笑语都源于小尼古拉们的淘气，也正是这淘气，而使小尼古拉成为风靡半个多世纪的经典人物。

可是，在许多人的词典中，淘气是顽皮、不听话的意思，趋于贬义。但为什么淘气的孩子会有如此大的魅力？或者说，为什么以淘气的孩子作为主人公的文学作品会如此地受孩子们的欢迎？

我想，可能是因为作者们写出了孩子的天性。的确，每一个孩子都淘气，都喜欢做一些淘气的事。回想自己小时候，不也是一个淘气包吗？孩子，就是在淘气的过程中成长的。再说，不淘气的话，他还是孩子吗？正因为淘气，所以我们看到了孩子的天真无邪，如故事中亚三想知道手表里面是什么，而把小尼古拉的手表用小刀撬开；正因为淘气，所以我们看到了孩子的诚实善良，如小尼古拉打碎花瓶后勇敢地向爸爸承认；正因为淘气，所以我们看到了孩子对生活的热爱，如把小蝌蚪放回池塘、在圣名节送老师礼物、因放假不能与伙伴们一起干坏事而伤心地哭泣，等等。但许多时候，孩子们因为老师或者家长的原因，而不能做些淘气的事——因为做了要受到老师或家长的批评与指责。所以，当孩子们在看这类作品的时候，仿佛从作品中这些淘气的孩子身上，看到了自己的影子。那些自己想做而不能做的事，或者自己也曾经做过的事情，都在眼前一一上演，道出了他们的心声，给他们带来了快乐，唤起了他们对主人公的热爱和对这类书的痴迷。

是啊，淘气是孩子的专利。孩子因淘气而显得更加可爱，生活因淘气而变得更加丰富多彩——这一点，《小尼古拉的课间休息》是个很好的证明。

肆　寂寞美好正青春——从《星空》认识幾米

第一次接触幾米的作品，是在 2003 年。那时，朋友送我一本《向左走，向右走》，说现在幾米的漫画很火，开启了成人绘本风潮，你去看看。

我拿到之后，首先就被幾米那清爽、细腻又不失亮丽的画风给吸引了，每页的插画，都像是一件精致的艺术品。细细品味这些画作，总能从中品味到或忧伤、或快乐、或寂寞、或美好的情感。

而这些图画一与文字结合，就仿佛产生了化学反应，使作者想要表达的那种情感、想要渲染的那种氛围更加浓烈，从而让读者随故事主人公的遭遇或喜或悲……第一次读几米《向左走，向右走》的感受就是如此。

也是从那时开始，我迷上了几米，像"追剧"一样追几米的绘本作品，《地下铁》《失乐园》《蓝石头》……一追就是十多年。让人惊讶的是，如今，几米的绘本还是很火。

一天，不知怎的跟学生聊起漫画，然后提到了几米。我问学生，你们看过几米的漫画吗？几米？六年级的学生一脸茫然。我心生惋惜：童年若无几米相伴，也算小学生活的一大憾事。因为自己看得多了，总觉得几米的绘本不仅仅是写给成人的，更是写给儿童的，比如那部《星空》。

《星空》是几米 2009 年的作品。整个故事很简单，描述的不过是两个孩子相遇之后又分开的故事。但我几遍读下来，觉得几米的这个故事是一个绝佳的"青春修炼手册"，能让那些面临成长烦恼与困惑的孩子，在读了之后，多少会有一些启发。因为故事中女孩遇到的问题，也正困扰着今天的学生——

女孩父母工作忙碌，无暇顾及女孩，女孩有话无处倾诉，倍感孤单寂寞——小象、小猫变成大象、大猫就是这个原因。也因此，女孩愈发想念住在山里的爷爷和天上的奶奶。但后来连爷爷也离世了，父母的关系也越来越紧张，再加上自己不喜欢说话，功课的压力又大，女孩真的不知道该如何面对生活才好。她所能做的，就是装酷、逃避，如不去参加爷爷的葬礼，不想听父母之间的事，说自己会"变魔术"。但尽管如此，女孩还是无法摆脱那种莫名的孤单——这也正是画面中一而再、再而三地出现怪物身影的原因。

后来女孩认识了一个同样不爱说话、不善交际的男孩。两人一起候车、闲逛、淋雨，一起离开城市——去女孩的爷爷曾经住过的山中小屋……虽然故事末尾，男孩转学，离开了女孩，但女孩还是从男孩留下的一屋子画中，明白自己在别人心目中是重要的。虽然爷爷奶奶离世了，父母离异了，但这个世界上还有一个人在思念着她。所以女孩说："原来，他才是真正的魔术师。"因为是男孩驱散了女孩心头的孤单，是男孩让女孩明白了这个道理。

女孩也正是在这个过程中，完成了对社会的恐慌、逃避到逐步认识自我的转变。所以故事最后，当女孩再次得到一只小狗的时候，小狗再也没有变成大狗。

孤单时，仍要守护心中的思念，因为这份思念能让我们明白生命的意义。

伍 拨动心弦的三句话——读《亲爱的汉修先生》

收到人教论坛开心斑竹寄来的《亲爱的汉修先生》后，花了一个上午的时间就把它看完了。这是一部1984年纽伯瑞儿童文学奖的金奖作品。作者贝芙莉·克莱瑞以书信和日记的独特形式，把主人公小男孩鲍雷伊的心理成长历程真实地展现在我们面前。语言虽然质朴，但蕴含感人的力量。里面有许多话，都在不经意间拨动了我的心弦，发人深省。

"您又不是我的老师"

【原文】至于您问我的问题，我不打算回答，您不能强迫我，您又不是我的老师。

【思考】这是鲍雷伊给作家汉修先生回信中的一段话。看到这里，我第一次笑了起来。但静下来后，作为教师的我，由这句"您又不是我的老师"，想到当前的学校教育而深感愧怍。因为它不偏不倚地戳中了我们当前学校教育的死穴——无意中把学生培养成了拥有"在老师面前是'像山羊一样的动物'，在家人面前却是'像老虎一样的猛兽'"这样扭曲、病态的双重性格的孩子。

的确，这种现象无论在报刊上，还是在现实生活中都不难见到。如开家长会或平时与家长的交往中，就经常听到家长们反映："老师，我家的孩子如何如何（一般指缺点），麻烦您多教导教导，他只有老师的话才听。"记得自己刚教书的时候，听到这样话，心里还有些沾沾自喜，觉得自己所做的一切得到了家长的认可，把他们家的孩子"管住"了；另一方面也说明自己在学生面前有威信，学生听自己的话。但随着教育观念的更新和知识阅历的增加，觉得家长这样说，恰恰是对教师和教育的莫大讽刺。虽然家长们是无心的，也是真诚的，但不可否认，这样只听老师话的孩子，真的不应该是"学校教育这棵大树上结出来的果实"。我们要培养的是"真正的人"，苏霍姆林斯基就以此作为他的教育信念，但在实际教育教学中，我们往往与这个教育信念背道而驰。难怪现在有越来越多关心教育的人发出"我们为什么要驯服学生""给孩子留一点'野鸭的天性'"等类似的呼喊。

看了鲍雷伊说的这句话，我们是应该好好反省一下，把教育引到培养"真正的人"的轨道上来。

"有人注意到我，让我感觉真好"

【原文】法兰德林先生问我愿不愿意每天早点儿到学校帮他升旗，还告诉我不要再倒退着走路了，因为他一看见我这样走就紧张。所以，我现在不必再走得那么慢了。有人注意到我，让我感觉真好。

【思考】被人注意，对某些孩子来说，可能是家常便饭。但对鲍雷伊这样一个没有特长，没有爱好，普通得不能再普通的男孩来说，是难得一遇。他心里那块贫瘠而又干旱的土地，太需要雨水的浇灌了。要知道鲍雷伊读到六年级，只在原来的学校里读《狗儿快乐秘诀》的读书心得时，被人注意过一次。由于没人注意，鲍雷伊甚至把"爸爸开十多米长的冷冻货柜车送他去学校，以引起所有小孩的注意"作为自己的愿望。当看到这句话时，我被深深地感动，感动之外还有一丝同情与内疚。

我们常说"为了一切孩子"，也就是说要关注每一个学生。但在实际的教育教学中，我们总被自己的主观意识所左右，把自己对学生关注的情感天平，倾向于那些比较优秀、突出的学生，而把那些普通的、不引人注意的学生，像鲍雷伊一样，遗忘在某一个角落里。一年四季，很少有"温暖的阳光"照到他们身上。想想自己，有时候的确也犯这样的错误，对优秀学生的关注相对多一些，而对那些各方面都普普通通的学生，一个学期中，很少去肯定或注意他们。看了鲍雷伊的这句话后，我才恍然大悟，实际上最需要关注的恰恰不是优秀的学生，而是那些普通的、不引人注意的学生。因为这些学生被注意以后，会如此欣喜若狂，如此受宠若惊，从而产生深刻的改变和进步。在小说后面图书馆员借书给鲍雷伊后，鲍雷伊在给汉修先生的信中写道"原来，除了法兰德林先生以外，还有别人注意到我"，也可以证明这一点，这里鲍雷伊是多么的惊喜与激动啊！

是啊，谁不希望被人注意。看来自己在今后的教学中，对于"注意每一个学生"这一课，还应该好好补一补啊！

"你可能不在乎，可是我在乎"

由于鲍雷伊带到学校的午餐经常被人偷吃，一次他生气极了，正要把一个学生的午餐袋丢到地上踢两下的时候，被法兰德林先生阻止了。

【原文】"你要干什么？"他问，他的表情看起来一点儿也不像在说笑。

"去跟校长告状啊！"我说，"我不在乎。"

"你可能不在乎，"他说，"可是我在乎。"

我听了很惊讶。

【思考】"可是我在乎"应该是这部小说中最能震撼读者心灵的一句话。虽然法兰德林先生不是老师，只是学校的校工，但他却道出了做教师的基本准则——在乎学生。

我身边曾经发生过这样一个故事：一个学生，由于数学家庭作业没完成，老师批评了他。他觉得很难堪，开始对数学老师产生反感。从此他不做任何数学作业，数学课也不专心听讲，对自己的数学成绩一点也不在乎。数学老师几次谈话无果后，也就随他去了。因此，这个学生的数学成绩一落千丈。这个故事中，数学老师也努力过，但要是在这几次谈话中，有一次也能像法兰德林先生一样，给这个学生一声当头棒喝——"可是我在乎"，或许就不是这样的结局了。

学生在学习生活中难免会有一些不如意，当他们因一时冲动而破罐子破摔的时候，我们老师是轻易放弃，还是给他一声当头棒喝——"可是我在乎"？毋庸置疑，我们应该选择后者，不为我们是"人类灵魂的工程师"，只为我们是一个"平凡的人民教师"。

陆 每一个人的心里都有一颗爱的种子——读曹文轩《阿雏》

《阿雏》是曹文轩的一篇短篇力作，主人公就是阿雏——一个在六岁时就失去双亲，三年后又失去老祖母而举目无亲的孩子。故事一开始，我就为这个孩子的不幸身世而深感同情。但很快这同情就被对他的憎恶所取代了，因为接下来阿雏的所作所为，实在令人痛心疾首、深恶痛绝。他上学让别人拿凳子抬，作业让别人做，早饭让别人带；他锯断杨老头子的"恭凳"，让他掉进粪坑；他为了报复老周五，把猫抛向老周五的鸭群，让他的鸭把蛋都下到河里，还偷吃了他家里的西瓜，并在瓜中撒尿；他把大狗诓到荒丘野地里吓出病来；他还偷了宽爷家报火警用的铜锣，"咣咣咣"地敲起来……这样的事，一件比一件严重，一件比一件恶劣，他做的恶作剧，用罄竹难书来形容都毫不为过。

看到这里的时候，一个无恶不作、坏到骨子里的阿雏形象展现在我们眼前，真为阿雏的恶作剧感到吃惊和痛恨。同时也有些问题浮现在脑海里——作者曹文轩为什么要写这样一个故事、这样一个人？他究竟想歌颂什么？要批判什么？如果阿雏的同龄人看了这样的一个故事，看了主人公的所作所为，会有什么影响？……我有些疑惑不解，也有些杞人忧天。

但答案很快就在最后两个部分中揭晓了，对阿雏的感觉又来了一个360度的改变。阿雏为了报复大狗，把大狗在玩的船的缆绳解开了，然后跳上船，任船往芦荡深处漂游，结果因大坝决口而被困在芦苇滩上。当大狗因饥饿晕倒后，阿雏为大狗找来了野鸭蛋，"让那琼浆一样的蛋清和太阳一般灿烂的蛋黄慢慢流入大狗的嘴中……"自己却浑身是伤。最后阿雏为了给大狗抓野鸭，随鸭子一起扑进了水里。当看到大狗说"我冷，阿雏哥把他的裤衩和背心都脱给了我……"这句话时，我彻底地被眼前的这一个"陌生"的阿雏所感动了。虽然泪没有流下来，但鼻子有些酸。作者用五分之四的篇幅来写的恶，也瞬间被击得粉碎。怜悯、惋惜、惭愧种种滋味，像潮水似的一齐涌上我的心头。

最终，阿雏走了。回顾阿雏短暂的一生，虽然他坏事做尽，但最后他为了保护大狗，给他找野鸭蛋吃，把自己的衣服脱给他穿，甚至把自己的生命都献了出来。这是什么？这就是爱，一个强者对一个弱者的无条件的关爱，也是一个强者在面对一个需要照顾的弱者时应负的责任。人性之美就在于此。如果说，把阿雏和大狗困在芦苇荡中，是上天的安排，是上天对阿雏的一次考验，考验他究竟有没有爱心，考验人究竟是不是"性本善"，那么，应该说阿雏交了一份完美的答卷，通过了这次考验，只是代价太大了。再来看村民们，他们又给了阿雏什么？好像只有几顿饭。但那是阿雏真正需要的吗？应该不是。对于一个失去了亲人的孩子，最需要的应该是人们的关怀，是人们的爱，也只有人们阳光般的关怀与爱，才能抚慰他失去双亲的痛楚。可阿雏实际得到的恰恰相反——是大狗老子在人们面前引以为豪的"落水历险记"，是村民们只喊大狗不叫阿雏的呼唤声。这里，大狗老子的冷酷无情与村民们的麻木不仁可见一斑。如果说这也是上天特意安排的，是对村民们的考验的话，很明显，村民们得的是"不及格"。

然而，人性终究是美的，阿雏如此，村民们亦如此。最后，当村民们听了大狗的絮叨后，终于明白了，震惊了，沉默了，我想也一定流泪了，开始去寻找阿雏。一声声呼唤令人心碎，一声声呼唤响彻云霄，一声声呼唤在芦苇荡的上空整整持续了十五天。这呼唤阿雏若真的能听到，他会笑还是会哭呢？若是哭，我想这应该是他失去双亲后的第一次哭吧！

"每一个人的心里都有一颗爱的种子，即使是粗暴的可怕的霸王龙。"这句话出自宫西达也的《你看起来好像很好吃》，也是我看了《阿雏》以后最想说的话，因为这句话是给曹文轩笔下的阿雏下的一个最好的注解。

（原载于《语文报·小学教师版》2006年7月10日）

柒　我们缺少了什么？——读《爱的教育》

《爱的教育》是意大利作家亚米契斯写的一部日记体儿童小说。问世一百多年来，一直畅销不衰，一些介绍它的文章都说这是一部令全世界亿万读者感动的伟大作品。抱着一种怀疑的态度，我捧起了这本书。翻开之后，我才相信它的确有这样的魔力——每读完一篇日记，都让我感慨不已，总会情不自禁地写下一些感受。

爱与宽容——读《我们的先生》

【原文】这时先生后面有一个学生乘先生不看见，跳上椅子玩起洋娃娃来，恰好先生回过头去，那学生就急忙坐下，俯了头预备受责，先生把手按在他的头上，只是说："下次不要再做这种事了！"另外一点没有什么。

……

这时校役来通知放学，我们都很静地离开座位。那个跳上椅子的学生，走到先生的身旁，颤抖抖地说："先生！饶恕我这次！"先生用嘴去亲着他的额说："快回去！好孩子！"

【随想】像这样的情况，我们老师差不多每天都能遇到。但每一次遇到，扪心自问：我是这样做的吗？我想，能肯定自己是这样做的老师一定不多。绝大多数老师，至少要说几句，更有甚者，可能还会"出手"。行文至此，我在思考：我们老师究竟缺少了什么呢？我想应该是一种宽容的眼光和一颗充满爱的心。

其实，宽容学生的错误，有时候比批评责怪学生来得更具教育意义，给学生的印象也更加深刻。

爱与尊重——读《格拉勃利亚的小孩》

这则日记讲的是一个从五百英里以外的格拉勃利亚的莱奇阿地方来的意大利小孩，到安利柯所在的班级来读书。校长把这个小孩交给先生（这班的班主任老师）以后，先生先介绍这个小孩的故乡；再请级长代洛西代表謦特蒙脱的小孩，向这个新学友致欢迎词，和这个小孩拥抱；然后先生提出要求，要同学们和这位新生相互敬爱，"如果有因为他不是本地人，对于这新学友无礼的，那就是没有资格来见我们的三色旗的人"；最后，等格拉勃利亚小孩回到座位，邻席的同学又都送他礼物。

就这么简单、短小的一则日记，却令我感触颇深。想不到文中的先生，如此关心体贴这个外地学子。让这个孩子进入班级的第一天，就有宾至如归的感觉。最佩服的，还是这位先生能通过这么平常、这么普通的一件小事，来渗透爱同学、爱民族，甚至爱国家的思想品德教育，并且教育的过程了无痕迹，毫不做作。

我也是一个班主任。每个学期开学，也总会有一两个外地生转入自己的班级。面对这些远离家乡的外地学子，自己往往给他们报名注册后，就没有其他的事了。最多在上第一节课时，让这些孩子做一下自我介绍，然后就看他们自己的交际能力了。若他能力强，融入班级快一些，和同学的关系也融洽一些；能力差，内向一些，这个同学可能到了学期结束，还不能叫出班级中一些同学的名字。可以说，在这个过程中，自己根本没有考虑这些外地学子的心理感受。而借这样的机会，对学生进行一次思想品德教育，那更是想都不会想到。相比之下，自己的班主任德育工作是多么的空洞。由此可见，自己的班主任工作还有相当大的努力空间，自己也应好好地"上下而求索"，于细微处显精神。

爱与侠义——读《灾难》

这则日记写的是炮兵大尉的儿子洛佩谛，为了救一个将被车子所轧的一年级的学生，自己的脚却被车子轧了。双方的母亲赶到后，都表现得相当有素质：被救孩子的母亲非常感激，同时也有些内疚；洛佩谛的母亲在悲伤的同时，也为自己儿子这样的行为感到骄傲。

看了这则日记，我不禁问自己：这样的孩子，自己的身边有吗？当别人遇到困难、危险时，我们的孩子会做出这样的举动吗？若真的有，可当这个孩子因帮助别人而受伤时，我们身边的人会怎么看？这个孩子的父母会怎么说？可能大家都会觉得这个孩子傻，这样做不值得。是啊，我们身边多的只是鲁迅笔下的"看客"！那么，由此反观我们的教育——学校教育、家庭教育，它究竟缺少了什么？我搜肠刮肚，终于找到一个"侠"字，原来，我们缺少的是对孩子言传身教的"侠义"精神。那什么是"侠"呢？见义勇为、舍己助人的性格、气质或行为就是"侠"。总以为做"侠"很难，其实不然，像日记中的洛佩谛，就是在不知不觉之中做了一次"侠"。行文至此，我想到了我们绍兴的祝香云老师，这位为了救学生而献出自己生命的女教师，就是当代的"女侠"。

其实，我们的教育，在适当的时候，对学生进行一些"侠义"教育，也是有必要的。这样的话，可能身边的"看客"还会少一些。

爱与责任——读《我的女先生》

这则日记写的是安利柯的女先生去他家家访的事。本来，这是一件极为平常的事，我们做班主任的，基本上每个学期都会去学生的家里家访。但令我感动、令我愧怍的是日记中讲到的女先生已经不教安利柯他们了，但她还去曾经教过的学生家里家访，询问安利柯的学习情况，了解他的生活状况。这一点，不知道我们有多少班主任在这么做或想这样做。与此相比，我们老师缺少的是什么呢？可能是爱吧！对学生，再多一点点、再纯一点点的爱！

教育是爱的事业，这个道理我们都懂，也都这么在做。但我们有没有用一颗充满爱、充满责任的心去苦心经营这一份事业，并且不带一丝功利色彩呢？就像日记中的女先生，尽管这些学生她已经不教了，但还要"每逢月考，她都要到校长先生那里，去询问他们的成绩""有时又站在学校门口，等学生来了就叫他拿出作文簿给她看，调查他进步得怎样了"等等。所以，学生们哪怕已经进入中学了，"也常常着了长裤子，戴了挂表，去访问先生"。所以，"这样的好先生，叫我（安利柯）怎样能忘记啊"！

由此，我想到了现实生活中，我们一些小学老师经常发的牢骚：学生是永远不会记得他们的小学老师的，更不会感谢教他们的小学老师。但出现这种情况，除了学生方面的原因之外，难道我们老师就没有问题，没有责任？我们自己又为这些孩子付出了什么呢？如果有，也只是一些锦上添花式的帮助，真正雪中送炭式的关怀又有多少呢？其实，若真想让学生们记住小学老师，我们在实际教育教学工作中，要做的事情还有很多很多。将心比心，以心换心，这样，教育的春天还会远吗？

这个暑假，我给班级的每一个学生家里都打了电话，询问孩子们在家的学习与生活情况。当时就有人问我："朱老师，你的学生都已经毕业了，怎么还要打电话给他们呀？"那时，我真不知自己为的是什么，但现在，我想我找到答案了。

爱与施爱——读《贫民窟》

这则日记讲的是安利柯和母亲、雪尔维姐姐三人去送布给新闻上所说的穷妇人，而这个穷妇人正是安利柯的同学克洛西的母亲。当安利柯把这个发现告诉母亲时，母亲告诫安利柯不要作声，因为如果克洛西发现自己的母亲受同学的布施，一定会感到很难为情。但最后事情还是让克洛西发现了。这时，安利柯的母亲又偷偷地、不失礼节地把安利柯推向克洛西，安利柯顺势拥抱克洛西，和他握手。这里，安利柯母亲的一句话和那简单的一"推"，着实让读者感动。也从这个细节中，我充分感受到这是一位多么富有智慧的母亲啊！她在布施别人的时候也不忘尊重对方，顾及对方的脸面，时时处处考虑对方的感受，不让对方难堪。

而日记中，我认为这位母亲最具智慧的举动，还是她去贫民窟布施时，带上了她的两个孩子。这是什么？这就是榜样教育啊！言传不及身教，安利柯的母亲用自己的实际行动——带着孩子一起去救济、帮助穷苦人，来告诉孩子：做人一定要有同情心，要关心帮助身边需要帮助的人。而这一切信息在不知不觉中已传达到了孩子的脑海里，在他们的内心深处埋下了一颗爱的种子。

反思我们身边的家庭教育，它缺少了什么？我想，缺少的就是如此普通，却又如此智慧的榜样教育！现实生活中，家长告诫孩子少看电视，自己却捧着手机看到深更半夜；要求孩子多看书籍，自己却连报纸都很少拿起；教育孩子孝敬长辈，自己却不孝顺父母……在要求孩子这也做到那也做好的同时，自己却一样也没有做到做好。而如果孩子没有做好，家长就抱怨孩子难教、难管，把责任都推给别人。

联系日记中安利柯的母亲，她的举动是多么的普通，又是多么的智慧。她这种无痕的育人方法，是多么值得我们每一位家长学习啊！

后记

在这本《爱的教育》中，像这样的故事比比皆是。每一篇日记，都有一个让你我感动的理由；每一篇日记，也都像一面镜子，照出了我们老师、家长和学生身上的缺陷。如《烟囱扫除人》让我明白了人不应该缺少同情心，《我的母亲》让我知道了什么是孝，《朋友可莱谛》让我看到了有一种美德叫勤劳……总之，看《爱的教育》，能让我知道自身缺少了什么；看《爱的教育》，也能让我找回那些曾经失去的东西；看《爱的教育》，更能让我明白爱的真谛。

《不老泉》读书课例

壹 生命的真谛——《不老泉》解读

书名：《不老泉》

著者：纳塔莉·巴比特

译者：肖慧

出版社：上海译文出版社

配合单元：人教版四年级下册第五单元"生命"

关于长生不老的故事、传说，自己从小就听爷爷、爸爸讲过很多。如秦始皇求长生不老药的故事，嫦娥因偷吃长生不死的灵药而奔月的传说，《西游记》中各路妖精为求长生不老而争吃唐僧肉的故事……记得当时听这些故事的时候，有一个傻傻的念头：如果可以，非常希望自己也能长生不老。但看了《不老泉》——这个同样是关于长生不老的故事后，不但打消了念头，而且还生发了对生命的思考。

《不老泉》讲述的是八月炎热的一天，十岁的小女孩温妮"离家出走"，第一次进入自己家的丛林。她在树林里遇见了看上去只有十七岁，但实际上却有一百零四岁的杰西，也遇见了不老泉。为了保守这个秘密，杰西一家——哥哥迈尔斯和母亲梅"绑架"了温妮。把她带到自己的家里后，杰西的父亲塔克告诉了温妮真相，并希望温妮能严守秘密。但这一切却被一直在寻找这个不老家庭的黄衣人发现了。接着黄衣人以温妮的下落作为交换条件，从温妮父亲的手里得到了那片树林；又来到杰西家里，威胁他们说出不老泉的确切地点，想出售不老泉水。怒不可遏的梅枪杀了黄衣人，也因此被捕，并被处以绞刑。可怕的是梅不会死。为了不让这个秘密被世人发现，为了保护不老泉，温妮和梅的家人想尽一切办法救出了梅……

故事情节并不复杂，却非常紧张、惊险，叫人欲罢不能。而在紧张惊险之余，也着实令人深思。特别是故事最后，杰西送给温妮一瓶不老泉水，让她等到十七岁的时候喝，然后再去找杰西（温妮和杰西都有点喜欢对方）。但最终温妮并没有喝不老泉水。七十年后，梅和塔克再次来到树间村的时候，一切都变了，没有找到温妮，找到的只是她的坟墓……结局虽然有些伤感，但也让读者感到十分欣慰，因为温妮领悟了生命的真谛——搭上生命的列车，走完此生的轮回。正像塔克所说："能属于生命的轮回是上帝的赐福。"

是啊，从故事中我们已深深地体会到塔克一家因不老而带来的痛苦：迈尔斯的妻子因迈尔斯没有变老而带着两个孩子跑了；塔克一家因不会变老而只能东躲西藏地过日子，连一个朋友也没有。不老对于他们家来说，不是幸事，而是厄运。周围的人、植物、动物都在成长、变化，而塔克一家，眼看着轮子在转，却无可奈何。他们犹如路边的石头，没有生命力。年轻已不用珍惜，生命已不再庄重。正因为塔克一家饱受不老之苦，所以他们要竭尽全力保护好不老泉，不让这个秘密被第三者知道。

没有死亡就没有新生，不再成长就不算活着。看来，求长生、求不老，并不是生命的真谛。那生命的真谛究竟是什么呢？纵观这部五万两千字的中篇小说，只找到一句自以为是全书神髓的话："无论生命是长是短，关键是要过得充实。"我想温妮一定是这样度过自己的一生的。慢慢地，她做了妈妈；慢慢地，她又做了姥姥；慢慢地，她走完了人生的四季，最后搭上死亡的转轮，安详地合上眼睛。原来死并不可怕，顺其自然而已。原来生命的真谛并不是像秦始皇那样追求长生不老，而是在有限的时间里，把生命过得有声有色，有滋有味。这一切，不正是塔克一家梦寐以求的吗？

而这些也正是我想通过《不老泉》读书课引导学生领悟的东西。

贰　《不老泉》教学设计

一、内容简介

《不老泉》是一部美国现代中篇小说，更确切地说，它是一篇探寻生命真谛的寓言。

温妮一家是踏上北美洲这片土地最早的居民。在一个炎热的天气里，十岁的温妮由于无聊和闷热，独自悄悄跑进丛林中探险，在那里她遇见了长生不老的塔克一家。十七岁的英俊少年杰西和他的哥哥、父母，因为误服可让人长生不老的泉水而永远年轻，他们为了保守这个秘密而东躲西藏。有许多人在寻找他们，想知道长生不老的秘密，其中就有一个黄衣人。温妮和杰西之间产生了非常美好的友情，她面临一个选择，可以喝下泉水与杰西一起长生不老，也可以选择像平常人一样生老病死，过普通人的生活。若干年后，杰西来寻找她时，见到的是温妮的墓，她已经像普通人一样死去了，而杰西还停留在永远的十七岁……

在国外，本书是九至十二岁孩子的必读书之一，但其中蕴涵的关于人生的探索和情感的描述，也很适合更大的孩子甚至成人来读。

二、阅读要点

1. 人教版四年级下册第五单元是一组以"生命"为主题的课文。讲述的都是一个个热爱生命的故事，向我们展示了生命的宝贵与美好。教师可以在学完本组课文后，引导学生阅读《不老泉》。读完以后，可以让学生结合"长生不老"，深入地谈谈自己对生命的理解与感悟。

2. "不老泉"这三个字，本身就十分神秘，极具诱惑力。在阅读之前可以先让学生聊聊书名，猜猜这本书会讲一个怎样的故事，说说自己曾经看过的或听过的关于长生不老的故事。

3. 眼下，许多学生是独生子女，而《不老泉》的主人公温妮也是一个独生女。她的生活现状是：虽然衣食无忧，但没有一点自由——父母几乎不让她走出自家的院子。这样的生活让温妮感到十分厌烦（在第四章中有具体描写），此中滋味应该能引起许多学生的共鸣。教师可以就"温妮的生活"组织学生展开讨论，让学生结合自己的生活体验，谈谈对这种生活的看法。

4. 这部作品在风格和结构上十分完美。作品中的一些景物描写，非常细腻与唯美，修辞手法也特别贴切。如"烈日下，河水枯竭，土壤干裂，草木凋萎，大地看上去像幅年久失色布满尘埃的油画，急盼天降大雨"，"夕阳映得天空姹紫嫣红，落霞倒映水中好像在湖里泼洒了五彩颜料"……这样的句子，在作品中还有许多，是值得学生品味与学习的。

5. 作品第十二章是塔克对温妮讲述自己对于生命的理解，是整部作品的主旨所在。其中一些关键的、含意深刻的语句，可以让学生有感情地朗读，并进行讨论。

6. 故事快读完的时候，教师还可以先让学生猜猜故事的结局——温妮到底有没有喝不老泉水，并让学生分正反两方展开辩论。

三、问题提示

1. 你知道什么是长生不老吗？自己听过或看过哪些关于长生不老的故事？你喜欢长生不老吗？为什么？

2. 温妮为什么要"离家出走"？你对她的"离家出走"抱什么态度？

3. 塔克一家为什么要保护不老泉这个秘密？长生不老几乎是我们所有人梦寐以求的，但塔克一家为什么这么讨厌？

4. 如果黄衣人的阴谋得逞，拥有了不老泉，并拿泉水来卖钱，那么世界将会变成什么样子呢？

5. 温妮最后为什么没有选择喝不老泉水？如果你是温妮，你会怎么选择？为什么？

6. 故事开头温妮没有朋友，连说话也只能跟一只蟾蜍说，而结尾她却成了孩子们心中的偶像，这是为什么？

7. 故事中出现了哪些人物？主要人物有哪些？这些人物中你最喜欢谁？说说理由。

8. 读了这个故事，你感触最深、最受启发的话是哪一句？请说一说。

9. 你喜欢《不老泉》这个故事吗？为什么？读了这个故事后，你对生命有何新的认识？谈谈你的体会。

四、活动设计

1. 举行一次辩论赛。故事结尾温妮并没有喝不老泉水。但在读的过程中，也有一部分同学希望温妮喝下不老泉水，与杰西生活在一起。如果你是温妮，你会怎么选择？请同学们以"喝不老泉"与"不喝不老泉"分正反两方，先在小组内讨论，说说自己的想法，然后各派4名代表，展开辩论。

2. 自己动手，办一张手抄报。读了《不老泉》这个故事，学习了第五单元这组课文，相信你对生命肯定有了更加深入的理解。请你办一期以"热爱生命"为专题的手抄报，并在班上进行评比。主要栏目有：

感悟角——你对生命的理解与感悟；

格言角——你搜集到的关于生命的格言、名言、警句等（至少4句）；

故事角——你从书上或网络上找到的关于热爱生命的小故事；

诗歌角——你从书上找到的关于生命的诗歌。

3. 看一场电影。

片名：不老泉 *Tuck Everlasting*

导演：杰·拉赛尔 Jay Russell

主演：艾丽克希丝·布蕾德尔 Alexis Bledel

乔纳森·杰克逊 Jonathan Jackson

本·金斯利 Ben Kingsley

西西·斯派西克 Sissy Spacek

威廉·赫特 William Hurt

出品：迪斯尼公司

片长：100 分钟

首映：2002 年 10 月 11 日

五、相关资料

1. 纳塔莉·巴比特，出生在美国俄亥俄州，从小喜欢读童话故事，并爱好绘画。她创作了很多儿童诗歌和童话、小说，作品中经常可以看到她自己画的插图。《不老泉》是她的代表作。她的另一部脍炙人口的小说《尼瑙克山探险》，曾荣获 1971 年纽伯瑞儿童文学奖银奖。如果你有兴趣，也可以找来读一读。

2. 关于生命的名言。

生命，那是自然赐给人类去雕琢的宝石。——［瑞典］诺贝尔

生命不等于是呼吸，生命是活动。——［法国］卢梭

生命如同寓言，其价值不在于长短，而在于内容。——［古罗马］塞涅卡

一个伟大的灵魂，会强化思想和生命。——［美国］爱默生

世界上只有一种英雄主义，那就是了解生命而且热爱生命的人。——［法国］罗曼·罗兰

（原载于《小学语文》2008 年第 4 期）

叁　一起探寻生命的真谛——《不老泉》班级读书会教学实录

一、大胆想象，猜测结局

师：上节课我们讲到梅得救了，她们一家离开了树间村，温妮把杰西临走前交给她的"不老泉"倒在了蟾蜍身上。我们还不知道温妮最后究竟有没有喝不老泉水。老师在上节课让同学们给故事补充一个结尾，老师想问问，你写的结局是什么？

生：我写的结局是温妮最后喝了"不老泉"，和杰西幸福地生活在一起。

师：你的呢？

生：我写的结局也是温妮喝了"不老泉"。

生：我写的结局与他们不同，温妮最后没有喝"不老泉"，但还是和杰西一家生活在一起。

师：我们都希望故事有一个完美的结局，希望温妮和杰西最终生活在一起。大家写的结局，老师都看过了。这里我选择了比较典型的两种结局——

课件出示：1. 六年后，温妮十七岁了，她喝了不老泉水。最后，她找到杰西并和他结了婚，过上了幸福的生活。2. 温妮没有喝不老泉水，但后来与杰西生活在一起。她在生命的最后一刻，为自己感到庆幸：她没有喝不老泉水，可以体验人生的旅途。

师：你喜欢哪一种结局？

生：我喜欢第二种结局。

师：为什么？

生：因为温妮虽然没有喝"不老泉"，但是她和杰西一家幸福地生活在一起，最后走完了自己的人生。

生：我也喜欢第二种。我觉得生命的意义并不在于长生不老，只要过得有价值就行。

二、思考问题，探寻结局

师：看来你们对生命都已经有了自己的感悟。在交上来的作业中，也有相当多的同学选择了第一种结局。究竟会是哪一种结局，我们先不过早地下结论。请你先读一读《不老泉》第十二章，或许你能在这一章中找到自己满意的答案。

你可以带着下面这两个问题去读。

课件出示：塔克一家为什么要保护不老泉？长生不老几乎是每个人都梦寐以求的，但塔克一家为什么那么讨厌长生不老？

师：读好了吗？能回答这个问题吗？

生：塔克一家要保护不老泉是因为，如果人们知道了那口泉，会蜂拥而至，像猪抢食似的来抢这泉水。结果小孩子永远长不大，老人永远是老人，像路边的石头，永不变化，永不生长，虽生犹死。

师：这段话是塔克说给温妮听的。我们一起把这段话读一遍。

生："就会蜂拥而至，像猪抢食似的来抢这泉水。"

师：最后的结果是——

生："小孩子永远长不大，老人永远是老人。"

师：这样的话，人们就像——

生："像路边的石头，永不变化，永不生长，虽生犹死。"

师：也正因为如此，"不老泉"这人人都梦寐以求的东西，却成了塔克一家最讨厌的东西。讲到这里，请同学们再想象一下结局，到底会怎样？温妮最后究竟会不会喝"不老泉"？

生：我认为温妮最终不会喝"不老泉"。

生：我认为最后塔克一家保护了不老泉，这个秘密没让别人知道。

师：那温妮喝"不老泉"了吗？

生：没有。

三、聆听结局，感悟生命

师：到底故事的结局是怎样的呢？让我们一起静静地听。

(教师朗读故事《尾声》；音乐响起：《第一片雪花》)

师：听了这个结局，你的心情似乎有些——

生：伤感。

师：为什么呢？

生：因为温妮——这么可爱天真的小女孩，最终却死了。我感到很伤心。

生：我的心情有些难过。因为温妮死了，尽管不老泉就在她家的林子里，但她最终还是没有去喝。

师：是啊，这个结局似乎没有我们想象中的那样完美，让人有些忧伤，有些难过；但在让人忧伤、难过之外，似乎还有些令人——

生：高兴。因为人们再也找不到不老泉了，而塔克一家再也不用为保护不老泉而忧心忡忡、担惊受怕了。

生：我也是有些高兴，因为这个故事让我懂得了一个道理——不能为了一己之私而破坏大自然的生态平衡。

生：我感到有些欣慰，因为温妮最终是快乐地死去的，而不是像路边的石头，没有生命力。

师：是啊，尽管不老泉就在她家的林子里，但温妮没有喝泉水。也正因为如此，温妮不用像塔克一家——

生：过着东躲西藏的日子，不敢正大光明地生活。

师：她可以整天和自己的家人快活地生活在一起。慢慢地——她做了妈妈，慢慢地——她又做了姥姥，慢慢地——她走过了自己的一生。原来死并不可怕，顺其自然而已。原来生命的真谛并不是像秦始皇那样追求长生不老，而是在有限的时间里，把生命过得有声有色，有滋有味，正像故事中梅所说的："甭管生命是长是短，关键是要过得充实。"让我们大声地把这句话读一遍。

(生齐读)

四、出示名言，领悟生命的真谛

师：同学们，虽然我们没有、也不可能有塔克一家那样长生不老的烦恼与痛苦，但如果我们不珍惜生命，浑浑噩噩度过一生，那同样是十分令人惋惜的，可能比不老更可怕。再过一个多月，大家就要小学毕业，升入初中，你将如何面对自己的生命，面对生命中的每一分每一秒？希望今天的这堂课能给你一些感悟，哪怕只有一点点。

最后，老师送给大家一些关于生命的名言，请你带着这些名言毕业，充实地度过每一天。

（音乐响起：《我献给你的歌》；"名言"课件出示）

（原载于《百家作文指导》2008 年第 11 期）

《犟龟》读书课例

壹 只要上路，总会遇见隆重的庆典——《犟龟》解读

书名：《犟龟》

著者：文/米切尔·恩德；图/曼弗雷德·施吕特；谱曲/威尔弗里德·希勒

译者：何珊

出版社：二十一世纪出版社

《犟龟》是"幻想文学大师米切尔·恩德经典作品绘本"系列中的一本。与其他几本相比，这本《犟龟》似乎更能引起我的共鸣。讲的是乌龟陶陶去参加狮王二十八世的婚礼，在路上她遇到了许多小动物：蜘蛛发发笑陶陶走得这么慢，肯定赶不上婚礼，劝她赶紧回家；蜗牛师师指出陶陶走错了方向，认为陶陶不可能赶上婚礼；壁虎茨茨告诉陶陶婚礼取消了，狮王二十八世正在和老虎斯斯开战，也劝她回家；乌鸦阿嚏告诉陶陶，狮王已经去世了，劝她还是赶紧回家，去也是一起哀悼狮王……但乌龟陶陶始终认为"我的决定是不可改变

的""只要坚持,一步一步总能走到"。最后,陶陶赶到狮子洞时,果然没有赶上狮王二十八世的婚礼,因为朋友们说的都是真的。但幸运的是,由于她的坚持,却意外地赶上了狮王二十九世的婚礼。

多么有意思的结局啊!其中蕴含的哲理耐人品味。是啊,人生又何尝不是如此呢?生活的路上,总有一些东西,我们想拥有,总有一些理想,我们想实现。想达到这些目标,我们只有不断努力,不断坚持。虽然"人生不如意事十之八九",我们奋斗到最后,很有可能没有实现自己的目标。但最终,我们在失去"这"的同时,可能就意外地拥有了"那"。这也印证了那一句话:有付出,总有收获。也如梅子涵在封底提到的:"原来只要上路,就终究没有落空那回事。原来只要不停地走,虽然难免还是实现不了这一个愿望,可是你知道吗,另外一个更隆重的庆典却意外地开始了!"所以在现实生活中,当我们确定了某一个目标后,在实现这个目标的路上,是不是也应该像乌龟陶陶那样"犟"一点?因为在迈向目标的途中,一定会有各种各样的阻力,像故事中的蜘蛛、蜗牛、壁虎等,虽然他们说的可能都是实话,都是出于好意,但乌龟陶陶若不"犟"一点,就不可能赶上狮王二十九世的婚礼了。

只要上路,总会遇见隆重的庆典。希望我们一踏上自己选择的那条路,就做一只"犟龟",一直走下去。

(原载于《小学语文教师》2008年第5期)

贰 既然选择了远方,便只顾风雨兼程
——《犟龟》教学设计

【文本解读】

《犟龟》是"幻想文学大师米切尔·恩德经典作品绘本"系列中的一本。它是一本很特别的图画书。第一,这本图画书除了文字与图画外,德国著名作

曲家威尔弗里德·希勒根据故事的内容和节奏,特意谱写了10支曲子,这10支曲子与图画、文字相互衬托,紧密融合,使乌龟的形象更加鲜活,故事的节奏也更为紧凑。第二,这本图画书中还隐藏着一些细节,如乌龟陶陶送给狮王的礼物,几乎每一幅画中都有。这一细节虽然文中没有提到,但它的存在却给整个作品增添了一种发人深省的力量。与其说是狮王得到了礼物,不如说是乌龟陶陶自己得到了一份宝贵的礼物——上了路,就天天走,总会遇见隆重的庆典。

【设计理念】

日本"图画书之父"松居直认为:图画书是大人念给孩子听的书,它不是拿来学习的东西,而是用来感受快乐的。所以本次读书课只想通过教师大声读,学生用心看,中间穿插唱,来触摸乌龟的形象,了解故事的内容,感受听故事的快乐;不想让这个故事承受太多的教育功能,只想在孩子的童年播下一粒种子,让乌龟陶陶的形象走进学生的心里,这就够了,剩下的便是等待。因为,只有当学生有了类似的情感体验时,《犟龟》所蕴含的哲理才会被学生所理解。那时,也正是这粒种子发芽的时候。

【教学目标】

1. 师生共读一本书,了解故事的内容;学会读图,培养学生的想象能力。

2. 让学生通过读图、听文、唱歌等来感受听故事的快乐,培养学生听故事的兴趣。

3. 让学生了解作者米切尔·恩德以及他的相关作品,走进米切尔·恩德的幻想世界。

【教学过程】

一、设疑导入

1. 你听过关于乌龟的故事吗?今天老师也要给大家讲一个乌龟的故事——《犟龟》。(课件出示:封面)请你仔细观察图画,说说你的发现。

2. 猜猜乌龟微笑的原因。

设计意图：图画书是用图画与文字来共同叙述一个完整的故事，是图文合奏。（彭懿语）所以阅读图画书首先要让学生读图，观察图画的细节，培养学生的观察力。《犟龟》这本书的封面很有意思，画面中的乌龟拿着一束花，脸上带着笑容，旁边还插着一杆小白旗。这里设疑——乌龟为什么微笑，导入故事。同时，这也为接下来引导学生更仔细、更有效地观察故事中的图画做了一个铺垫。因为这本书在图画中还隐藏了一个贯穿故事始终的细节——乌龟陶陶送给狮王的礼物，这需要细心观察才会发现。

二、师生共读

1. 读图板块。

（1）读第一、二、三幅图画，说说看到了什么？图画与图画之间有联系吗？

设计意图：好的图画书，图画也可以讲故事。这次读图可以说是对前面读封面的一次巩固练习，让学生观察三幅画之间的联系，猜猜可能发生的故事，以此来提高学生的读图能力。同时，在读图猜故事的过程中，激发学生的好奇心，培养学生的想象力。当猜测得到印证时，学生会获得极大的阅读快乐，增加读故事的兴趣。

（2）读《乌龟进行曲》的第二、三、四幅图画。

情境二：大雨倾盆——你看到了什么？别人在这时是怎么做的？但乌龟陶陶是怎么做的？

情境三：烈日炎炎——你看到了什么？在这样的日子里，你最想做什么？但乌龟陶陶又是怎么做的？

情境四：白天黑夜——你看到了什么？白天乌龟陶陶在做什么？黑夜里乌龟陶陶又在做什么？

设计意图：从文字中，我们可以感受到乌龟陶陶那种"向着目标，坚持不懈向前进"的形象。这几个情境虽然没有文字的叙述，同样是感受乌龟陶陶形象的有效载体。通过读图，教师引导学生明白在大雨倾盆时，乌龟在赶路；烈日炎炎时，乌龟也在赶路。白天乌龟在赶路，黑夜里乌龟仍然在赶路。在反复强调的过程中，感受乌龟陶陶那种"向着目标，一步一步向前爬去，虽然很慢，却一直都没有停下"的精神，以及她的那种"什么都不能阻止她，因为她的决定是不可改变的"的"犟"。这也正是图画书的魅力之一：图文互动，或者说是图文合奏。

(3) 读最后两幅图画，说说图中有哪些动物？你发现藏在图中的那个秘密了吗？

设计意图：让学生发现蜘蛛、蜗牛、壁虎、乌鸦都没有参加狮王的婚礼，而被这些动物嘲笑的乌龟却参加了婚礼，还送了礼物给狮王夫妇，只是因为她始终坚持一步一步向前走。再次感受乌龟陶陶的形象。

2. 读文板块。

(1) 乌龟陶陶遇见蜘蛛发发时——"发发听完，用两只前腿抱着头，咯咯大笑……"

这里蜘蛛发发为什么会咯咯大笑？

(2) 乌龟陶陶遇见乌鸦阿嚏时——"我们伟大的狮王现在所在的地方，就连我们这些智者都去不了……"

你知道狮王在什么地方吗？

设计意图：在读故事的过程中，穿插几个问题，让学生猜猜为什么这样或接下来会怎样，以激发学生的好奇心，让学生更专注地听故事。但这样的问题不能设置太多，停顿得太多反而会破坏故事的整体性与连贯性。

3. 唱歌板块。

教师穿插唱《乌龟进行曲》。

设计意图：一般的图画书，只有图画与文字两种元素，但这本《犟龟》除图画和文字外，还融入了音乐元素，三者相互衬托，紧密融合，使整个故事更为生动、鲜活。教师穿插唱这五首《乌龟进行曲》，一是为了让课堂的气氛更加轻松，让学生听故事时更加愉悦，没有压力；二是为了通过歌曲，让学生进一步感受乌龟陶陶那种"坚持不懈，一步一步向前进"的形象。

三、读后交流

1. 你喜欢乌龟陶陶吗？为什么？

2. 乌龟陶陶一步一步向前爬去，虽然很慢，却一直没有停下，最后虽然没有赶上狮王二十八世的婚礼，却意外地赶上了狮王二十九世的婚礼。对这样的结局说说你的看法。

设计意图：在思想交流与碰撞的过程中，让乌龟陶陶真正走进学生的心里。

四、推荐阅读

你想知道故事的作者是谁吗？（教师介绍作者米切尔·恩德和他的作品）

设计意图：读这个故事只是一个开始，真正的目的是想在学生的心里播下一粒书香的种子，让学生爱上阅读，爱上书籍。所以，走进米切尔·恩德，走进米切尔·恩德的幻想世界，都只能算是一个开始。

【活动拓展】

1. 想象写话：在回去的路上，乌龟陶陶又遇上了乌鸦、壁虎、蜗牛、蜘蛛，你猜猜他们之间会说些什么？各自心里又会想些什么？请你选取一种动物，把乌龟陶陶和他再次相遇时的情景写下来。

2. 编排课本剧：听了这个故事，试着把它编成一个课本剧在班级里进行表演，看看谁是班级里的"最佳演员"。

（原载于《小学教学·语文版》2009年第9期）

叁 图画书教学：请简单些！——《犟龟》教后随感

作为一名普通的农村小学语文教师，我一直默默地在推广儿童阅读的路上行进着，也一直在关注那些适合在我们农村小学开展的、简单易行的阅读推广策略和方法，并尝试着去实践。在众多的方法中，我觉得刚刚兴起的图画书（绘本）阅读课，是非常适合在农村小学开展的——只要教师拥有一本图画书，制成电子书后，就可以带领整个班级进行阅读，展开讨论，走进丰富多彩的图画书世界。

图画书是时候走进我们农村小学的课堂了。但据我观察，这"美过彩虹"的图画书并没有在我们农村小学的课堂生根发芽，更别说长叶开花了（至少我身边的农村小学，都是这样的现状）。为什么现在图画书这么"热"，从作家、教授、名优教师到民间的儿童阅读推广人，都轰轰烈烈地在做图画书的文章，而我们——推广儿童阅读的最大阵营——农村小学的一线教师却仍然无动于衷，甘愿做"沉默的大多数"呢？这里面的原因肯定是多方面的。但我想，其中一方面的原因，会不会是那些呈现在我们眼前的图画书课例太过"精彩"，让我们普通的一线教师觉得原来上图画书阅读课也这么不容易，于是便开始做"看客"，再也不去亲近它们呢？说实话，在当前的一些知名杂志上刊登出来的一些图画书教学课例，的确非常精彩，有深度，有广度，也有厚度，但也让我怀疑图画书阅读课真的应该这么上吗？或者说真的只能这么上吗？总感觉这些图画书阅读课，包装得太过精美，承载了太多的功能：口语交际功能、写话习作功能、品德教育功能……多得已经让它失去了本来面目，或者说是最原始的功能——带给儿童快乐，激发儿童阅读的兴趣。这一点日本"图画书之父"松居直已经很清楚地告诉我们：图画书对幼儿没有任何用途，不是用来学习东西的，而是用来感受快乐的。所以，我觉得应该让图画书阅读课恢复本来面目，上得尽量简单一点，日常化一点，少一点功利，只为儿童的阅读而来，只为儿童的快乐而来，让每一位普通教师看了课例以后，觉得自己也能上图画书阅读课——毕竟我们的图画书阅读才刚刚起步，它需要更多的人（特别是教师）来推动这个事业，而不仅仅是靠几位名优教师的几节图画书阅读课。

由此，让我想起了佐藤学在《静悄悄的革命》一书提到的小林老师，说："小林老师决心从一年做一次法国大菜的教师，变成每日三餐过问柴米油盐，并能做出美味菜肴的教师；他决心把那种期待学生会发生戏剧性变化的教学转变为不间断的可持续培育学生的教学。"我们的图画书阅读课不也正是需要如此的转变吗？带着试试看的心理，我踏上了图画书《犟龟》的教学之旅。

第一稿：简简单单讲绘本。

选择《犟龟》这本图画书，是出于自己对于这个故事的喜爱。因为我在故事中看到了自己，在里面寻找到了一种激励自己不断前进的力量——因为"上了路，就天天走，总会遇见隆重的庆典"。对于这一点，我想看过这个故事的成年人，都会有类似的感受。那么，我把这个故事讲给孩子们听的时候，需要把自己理解的这份人生感悟告诉他们吗？我想不用，也不能。因为我的情感体验不能替代孩子们的情感体验。孩子们在听的过程中，自己能感悟多深就多深，我不能拔苗助长。因此，我在第一稿预案的设计理念中这样写道：让孩子们感受听故事的快乐。不想让这个故事承载太多的教育功能，只想在孩子们的童年播下一粒种子，让乌龟陶陶的形象走进他们的心里，这就够了，剩下的便是等待。因为，只有当孩子们有了类似的情感体验时，《犟龟》所蕴含的哲理才会被他们所理解。那时，也正是这粒种子发芽的时候。带着这个理念，我开始了第一次尝试。那时，恰巧要去一所山区小学上课，我便打算把《犟龟》这个故事带给那里的孩子。

在上课前，有机会与授课班级的班主任老师交流，便聊了一些与阅读相关的事。我问平时给孩子们上读书课吗，她说没有，平时只让学生自己看课外书。又问她学校其他老师上读书课吗，她说也没有，学校和学校的老师对于课外阅读都不怎么重视。这其实也在我的意料之中，因为我们农村大部分学校的确是这样的现状。

在多媒体教室，撤下课桌，让孩子们以我为中心，自由地围成一个半圆后，课就开始了："小朋友们，你们以前听过哪些关于乌龟的故事呀？今天老师也要给大家讲一个乌龟的故事，题目叫《犟龟》。看看书的封面，说说你看到了一只怎样的乌龟？猜猜她为什么会笑呢？"……"（唱《乌龟进行曲》）乌龟慢慢爬过草地，漫游让她快乐无比。要是肚子有点儿饿，路上找一片树叶吃。"……"《苍蝇和大象的足球赛》《吃噩梦的小精灵》《光屁股的大犀牛》，这些故事都是米切尔·恩德写的。它们与《犟龟》这个故事一样精彩，一样有趣，小朋友们有空可以到书店去买来看看，相信你一定会迷上米切尔·恩德和他的故事的。"介绍完米切尔·恩德及他的作品，我便结束了这堂读书课，共用时55分钟。但孩子们还意犹未尽，希望我继续给他们讲故事。就这样，我以最简单、最朴素的方式，把图画书讲了一遍，讲的过程中，还穿插唱了几支《乌龟进行曲》。孩子们兴致很浓，觉得很好玩，到后来都跟着我一起摇头晃脑地唱了起来。在讲故事的过程中，我发现孩子们的眼睛瞪得特别大，都听得十分投入，大屏幕上的图画也看得很仔细，让他们说最后一幅图画中藏着的秘密（乌龟陶陶送给狮王的礼物，这份礼物基本上每一幅画中都有，但文字中却没有提到）时，他们都发现了，有的孩子还发现了乌龟陶陶"胜利的微笑"，很是出乎我的意料……看得出，孩子们很喜欢这个故事，但与我喜欢的原因不同，他们喜欢的是故事里那"犟"得可爱，"犟"得好玩，甚至"犟"得有些滑稽（狮王二十八世都已经去世了，陶陶还要去参加他的婚礼）的乌龟陶陶。这就是孩子的感悟方式，与我们成人完全不同。我们能从这个故事中读出滑稽吗？我想不能。由此，我也为自己没有向学生灌输我的感悟而感到庆幸。

  在离开学校之前，我恰巧经过这个班级，便走进教室跟孩子们道别。孩子们一见我进教室，顿时沸腾起来。一个说"老师，你什么时候再来给我们讲故事"，另一个说"老师，你再给我们讲一遍"，有几个孩子还跑上来拉我的手……我没有多说什么，只是微笑，心想：这节读书课的目的——带给孩子们快乐，让孩子们喜欢故事，达到了，此行不虚。但我也明白读这个故事只是一个开始，真正的目的是在孩子们的心里播下一粒书香的种子，让他们爱上阅读，爱上书籍。所以，爱上"犟龟"，爱上米切尔·恩德，爱上米切尔·恩德的幻想世界，都只能算是一个开始。其实，那些没有给孩子们讲过故事的老师根本不知道，我们的孩子是多么的喜爱故事，他们在故事面前是多么的容易满足（很容易快乐）又多么的不知足（讲了还要你讲）。这就是我们农村的孩子，一群"太缺乏阅读，又太渴望阅读"的孩子。但为什么我们老师就是不愿意给他们讲故事，多带给他们一点快乐呢？值得反思。

两个月后，一次偶然的机会，我再次来到这个班级，见到几个孩子买了米切尔·恩德的绘本，有《吃噩梦的小精灵》，还有《光屁股的大犀牛》等。在交谈中得知，这几个故事已经有许多孩子看过了，而且都很喜欢。我想：我已经成功地把米切尔·恩德带到孩子们中间了，而且他们还迷上了他的故事，真好！因为这些孩子有了米切尔·恩德的陪伴，童年会变得更加多彩。

第二稿：猜猜说说演绘本。

因为想要拿这节绘本读书课参加市里的读书课比赛，所以我又在自己学校上了一次，还请了几位老师来听课指导。上完课之后，我这堂自我感觉还不错的读书课却被听课的老师全盘否定了，认为这课太平淡了，整堂课下来，一点花招也没有，仅仅讲了一个故事而已，学生哪方面得到了训练？是口语交际能力？还是写作能力？而且最后连故事讲了一个什么道理，也没有跟学生交流，那么学生懂得了什么道理呢？这些既然都没有，那么这堂课的目标与主题到底是什么呢？……我，无言。

不得不说我们的老师看问题很功利——"看重主题大于看重儿童阅读时的心情；看重知识大于看重阅读这个故事或童话给儿童性格的影响；看重道德大于看重诗意。"（梅子涵语）总想通过一节课，让学生有所改变；也总希望"阅读可能达到的目标"就在这一节课中达到。所以当这一切都看不到的时候，你这节课便算是失败的课了。同时，我们的老师看问题总免不了带着"教育者的习气"去看——无论什么课，总忘不了要"训练"学生，"教育"学生，如果你没有做到这一点，那么这样的课就是不合格的。但我却不是这样的观点，我觉得现在图画书阅读课刚刚进入学校，能不能放它一马呢？图画书不是教材，所以还是让这图画书阅读课纯净、朴素一点吧，让学生听听故事，看看图画，少一点负担，多一点轻松；少一点压力，多一点快乐；少一点灌输、说教式的品德教育，多一点贴近儿童心灵的唤醒与启发，让这课成为学生的"心灵氧吧"，难道就不可以吗？

但为了参加比赛，我的这些想法只能暂时搁置一旁了。放弃原来的设计理念，重新制订教学目标。在第二稿读书课的预案中，我把重点放在"猜猜""说说"和"演演"上。故事开始时，先让学生猜猜"为什么叫这只乌龟犟龟"，猜猜"她为什么微笑"，从而引导学生更加仔细地观察图画，更加认真地听故事。读故事的过程中，让学生猜猜"遇到蜗牛师师，师师会说些什么"，猜猜"遇到壁虎茨茨又会发生什么故事"……以此来激发学生的好奇心，形成强烈的阅读期待。故事结束时，让学生猜猜"等待乌龟陶陶的会是怎样的一个结局"，让学生在反复猜测的过程中，感受阅读带来的快乐，发展自己的想象力。在"演演"的环节中，先让学生分组讨论"乌龟陶陶遇到壁虎茨茨或乌鸦阿嚏后会发生什么故事，他们之间会展开怎样的对话"，然后戴上头饰，分角色来演一演相遇后的故事，再次感受乌龟陶陶的形象。

当然为了"教育"学生，让学生听了这个故事后有"实实在在"的收获，我还加上了一个"看上去很美"的结尾：

师：同学们，图画看完了，故事也讲完了，喜欢这个结局吗？（喜欢！）为什么呀？

生：因为虽然陶陶没有赶上狮王二十八世的结婚典礼，但她却赶上了二十九世的结婚典礼。

生：因为陶陶的努力没有白费！

师：是啊！所以我们用不用后悔？（不用！）也不用——伤心，难过！因为陶陶虽然坚持前进，到最后仍然没有赶上狮王二十八世的婚礼，但她却意外地赶上了——狮王二十九世的婚礼。原来只要上了路，终究没有落空这回事；原来只要不停地走，虽然还是难免实现不了我们心中的那一个愿望，但是，另外一个更加隆重的庆典却意外地开始了。

同学们，我们都要上路，因为我们都有自己的目标。可能你的目标是把钢笔字练好，可能你的目标是想把数学成绩提高一点点，可能你的目标是想做一个全面优秀生，但无论是什么目标，你只要记往一句话——（出示句子）"上了路，就天天走，总会遇见隆重的庆典"。同学们，努力吧！

（音乐响起）教师唱《乌龟进行曲之五》：乌龟不是个大傻瓜，她会快快地往前爬。不管她爬得有多久，她会到达，她会到达。

相信同学们只要向着自己心中的目标一直努力，不停地走下去，总会有到达的那一天。下课！

在钢琴的伴奏和教师动情的演唱声中，这节图画书阅读课结束了。可以说这一稿在许多地方都要比第一稿有噱头，也多了许多花招——除了猜猜、演演，还有音乐伴奏和唱歌，还有现场"采访"乌龟陶陶，问她"为什么大雨倾盆时，没有停下来避雨，也没有撑起伞，而是继续向前赶路；为什么烈日炎炎时，仍然没有停下来喝水休息，继续日夜不停地赶路"……但无论上得怎么"精彩"，这都不是我理想中的图画书阅读课。因为这样上，让我感觉太功利了，感觉自己不是在讲述故事，而是在灌输故事——无论学生能不能接受，我都要把这些感悟、这些道理灌输给他们。而犟龟和这个故事有没有进入学生的内心深处，我没有底。同时在"激发儿童阅读的兴趣，让儿童爱上读书"这一点上，我感觉做得也不够——因为这是图画书阅读课的终极目标。

课虽然拍成了录像，送到市里去参评了，但我始终耿耿于怀，打算有机会再上一次，给自己一个交代——因为我始终认为功利的教育不是真正的教育，功利的阅读不是真正的阅读。

第三稿：删繁就简讲绘本。

当第二稿上好拍成录像后，《犟龟》这课我已经上了五遍了，感觉很累，再也没有第一次上课时的兴奋与激动了。虽说我想根据"自己的理解"再上一遍《犟龟》，但终究振作不起来，真有些"一鼓作气，再而衰，三而竭"的感觉。而最终促成第三稿成功"出笼"，还得感谢与刘发建老师的一次谈话。

那次，我把《犟龟》绘本与课堂录像拿给刘老师看。看了绘本后，刘老师很激动，说这是他看到过的最好的童话，这个童话中真正有儿童的影子，因为只有儿童才会像犟龟这样"犟"，这样"不可理喻"——说要奶奶抱，就哭着嚷着非要奶奶抱不可；说过双休日去吃肯德基，那无论刮风下雨就一定要去。而且真正好的童话是属于儿童的，儿童是可以亲近的。它里面没有道理，所谓的道理只是不同的人对它不同的解读而已，所以童话不是用来教育人的，而是用来解放人的。从这个意义上讲，《犟龟》是一个真正优秀的童话。刘老师的这番话对我的启发很大，他从"儿童"和"童话"两个角度来解读《犟龟》，使我马上明白了第一稿和第二稿设计的不足之处——儿童的缺席。这个童话故事不仅我们成人能从故事中看见自己，其实儿童更能从里面发现自己。而这一点也正是米切尔·恩德童话的魅力所在：与人类内心世界的贴近，用细致的笔调勾画出一个属于儿童的天真王国。所以儿童虽然走进了童话，却没有走远。而刘老师对"童话"的这番解读，又和我原本的设计理念不谋而合。

接着刘老师又看了课堂录像。看完后，他没有多说什么，只提醒我"课堂上所有的教学手段，都要为教学内容服务"。其实我明白，他是在告诉我课堂拒绝花招。比如"表演故事"，如果通过表演，学生并没有更深地感受到乌龟陶陶的形象，只是走过场，为了表演而表演，那这样的表演不要也罢。意识到了这一点，我开始重新审视第二稿图画书阅读课的设计（尽管这一稿的设计理念并不是出于我的本意），反思每一个环节背后的设计意图在实际教学过程中有没有实现，需要做怎样的改进……

带着刘老师给我的启发和建议，从"带给儿童快乐，激发儿童阅读的兴趣"这一终极目标出发，我开始了第三次尝试。

出示封面后，我直接与学生聊起了封面，并让学生用手摸摸这本书，猜猜它会讲一个怎样的故事。"用手摸摸书本"是此前两稿都没有的做法，目的是让学生通过触摸来感觉这本书——它的厚薄、大小、质地等，让学生一开始就对这本书产生好感，迫切想知道它讲的是一个怎样的故事，从而激起学生的阅读兴趣。在课堂上，学生都争着要摸一摸这本书。我一边让学生触摸绘本，一边问学生：你们感觉到这本书讲的是一个怎样的故事了吗？有些学生说感觉到了，说它讲了一个怎样怎样的故事；有些学生说还没有感觉到。但这都没有关系，因为无论有没有感觉到这个故事，学生的阅读兴趣已经被激起了——而这正是我想要的。接着我便开始讲述故事，在讲述的过程中仍让学生猜猜乌龟陶陶接下来会到哪里，将遇到谁，将发生什么故事……让学生在猜测故事、印证故事的过程中，享受听故事带来的快乐。在感受"犟龟"形象这一点上，我围绕儿童设计了两个问题。一是在看烈日下的沙漠的画面时，问学生："在这样的日子里，如果是你在赶路，你最想干什么？但故事中的乌龟陶陶，她是怎么做的？"通过比较，引导学生感受乌龟陶陶那种"向着目标，一步一步向前爬去，虽然很慢，却一直都没有停下"的精神，以及她的那种"什么都不能阻止她，因为她的决定是不可改变的"的"犟"。二是当学生明白为什么称乌龟陶陶为"犟龟"时，问学生："在你们自己家里，谁最像犟龟？"因为好的童话是属于儿童的，是可以触摸的，是能够从故事里发现自己的，所以我设计了这个问题。而从课堂的表现来看，学生对这个问题很敏感，都争着举手发言。有的说"家里弟弟最像犟龟，因为他如果想要什么东西，我不给他，他就会边哭边要，闹个不停"；有的说"爷爷最像犟龟，因为爷爷年纪已经很大了，但他还是经常上山采草药，我爸爸劝他别去了，说采草药太危险，还是待在家里安全。但我爷爷不听爸爸的话，仍然经常上山采药"；但更多的还是说自己最像犟龟，因为自己想要什么玩具就一定得到那个玩具，想要到哪里去玩就一定到那里去玩。你看，"犟龟"其实离我们不远，就在我们身边。通过两个问题，先"走进去"，再"走出来"，"犟龟"已经在学生的脑海里留下了深刻的印象。故事讲到最后，我并没有把结局告诉学生，仍然让他们猜猜等待乌龟陶陶的结局是什么，但不同的是，这次猜测有奖励——谁猜得最有意思，最有想象力，老师就把这本书借给他看！不为别的，仍然是为了"带给儿童快乐，激发儿童阅读的兴趣"。

向学生介绍完米切尔·恩德和他的作品后，本课便结束了。这节课上下来，感觉很轻松，很自然，很舒畅。因为我终于把自己理想中的课上出来了，终于把自己想要表达的图画书教学观点——"带给儿童快乐，激发儿童阅读的兴趣"给表达出来了。我想，只有我们带着这个理念，简简单单地去给学生讲图画书，才能让每一位教师都感觉到图画书教学并不难，然后都行动起来。也只有这样，学生才有可能享受到更多、更经典的图画书故事，才会爱上阅读，真正走上阅读之路，从而带动图画书教学乃至儿童阅读事业的蓬勃发展。

铁丝网上的小花

——"战争"主题绘本群读设计

【教学目标】

1. 能结合"战争主题绘本预学单",进行阅读、学习;初步感知人物形象,了解绘本故事情节。

2. 通过对《铁丝网上的小花》《欧先生的大提琴》《凯琪的包裹》三个绘本的比较阅读,初步理解"铁丝网"与"小花"的含义,了解战争的残酷无情,以及给人们带来的深重苦难,激发学生热爱和平的情感。

3. 通过对"令人震惊"与"让人感动"的情节的品味,感受绘本主人公的那些善举所流露出来的人性之美,明白作者的创作意图,初步培养学生善良、富有同情心、勇敢等美好品质。

【课前准备】

1. 准备供学生阅读的三个绘本故事书。

2. 课前让学生自主阅读三个绘本,并结合预学单,完成相关练习。

3. 课前教师检查预学单,针对学生的预学情况,进行教学设计。

4. 制作教学课件。

【教学过程】

一、激趣导入，共话主题

1. 师：这节课，我们要聊三个绘本故事。（出示绘本封面）这三个绘本故事都看完了吗？你看了几遍？会读书的同学，可能已经发现这三个绘本故事都有一个共同的主题，就是——战争。

2. 出示预学单，说说故事的主要人物。

师：《铁丝网上的小花》《欧先生的大提琴》和《凯琪的包裹》分别讲的是谁的故事？

课件出示人物名字。

师：读了绘本，这些人物都给你留下了怎样的印象？我们不急着交流，先来说说这三个绘本故事给你留下深刻印象的那些情节。

二、交流情节，感受"铁丝网"与"小花"

课件出示预学单问题：（1）最让你震惊的情节。（2）最让你感动的情节。

师：先从《铁丝网上的小花》聊起。

1. 交流"最让你震惊的情节"。

（1）【图5】【图6】关键词：士兵抓住无辜孩子。（适时请学生板书）

师：令你震惊的是这一页的文字，还是这一页的图画？你从图画上看到了什么？当看到这一幕时，你心里有什么疑问？

——为什么要抓这个小孩？

师：估计这就是令你震惊的原因。这个小孩到底犯了什么错，士兵为什么要抓他呢？（出示图片，讲述故事）从故事中，我们只知道【图1】有一天，很多男人，穿着和士兵一样的衣服，离开了小镇；只知道【图2】从学校窗子下经过的卡车、坦克越来越多；只知道【图4】小河还是那条小河，只是一些地方，多了一些铁丝网；只知道【图5】有一天，一个小男孩从一辆车的车厢里逃出来后，镇长把小男孩揪住了。

| 140 |　　写作照亮教育之路——一个草根语文教师的突围

师：士兵为什么要抓小孩子呀？让我们来看一张照片——

出示照片：1943年华沙犹太区起义行动失败，德军将犹太人赶出防空洞的场景。

（请一学生读文字说明）

师：从这张照片中你知道了什么？

师：但为什么绘本中没有出现"德军""犹太人"这样的称呼呢？

(2)【图11】关键词：自由、饥饿、无辜、铁丝网。（适时请学生板书）

师：你从图画中看到了什么？（铁丝网、木屋、很多孩子……）你知道绘本故事中，此时谁正站在这铁丝网前看这一幕？此时此刻，她心里会想些什么？

——为什么要把这些孩子关在这里？

师：你会这么问，是因为你觉得孩子们是——无辜的。

——为什么要用铁丝网把他们隔离开来？为什么要把他们关在铁丝网的里面？

师：对呀，他们犯了什么罪呀？让我们把目光聚焦到这铁丝网上来。这横跨两个页面的铁丝网给你什么感觉？你觉得这横在眼前的铁丝网阻隔的是什么？

师：的确，铁丝网夺走的是人们的自由与安宁，带来的是饥饿与寒冷，恐惧与不安。而战争就是如此，它就像这铁丝网一样冰冷、无情，夺走了人们的一切。

(3)【图17】关键词：伤害无辜。（适时请学生板书）

2. 交流"最让你感动的情节"。

【图14】带食物给那些孩子。关键词：善良、勇敢、有同情心。（适时请学生板书）

师：你从图画中看到了什么？冰冷无情的铁丝网把罗斯·布兰奇和这些孩子隔离开来。但铁丝网真的把他们隔开了吗？是什么突破了这冰冷无情的铁丝网?（是罗斯·布兰奇的善良和同情心突破了铁丝网）原来这铁丝网并不能阻挡一切。

三、小组讨论，分享感受

师：这样的情节在另外两个绘本故事中也有很多。另外两个绘本故事中，最令你震惊、最让你感动的情节又是什么呢？

请同学们以四人小组为单位，交流各自印象深刻的情节，简单说说震惊或感动的原因。

课件出示小组讨论要求：

1. 前后四人为一组。结合预学单，选择你印象最深的一个情节，与同学进行交流，并说说自己震惊/感动的理由。

2. 交流完毕后，每组推荐一位代表在全班同学面前发言，其他组员根据交流情况作适当补充。

教师巡视，关注学生交流的过程。

四、汇报交流，深化认识

具体交流重点可以根据学生的预学单来设定。

1. 最震惊的情节。

（1）《欧先生的大提琴》预设：

【图1】关键词：亲人离散，害怕、恐惧。（根据学生回答让学生板书）

师：这里让你震惊的是——你愿意把这段话读给大家听吗？从你的朗读中，老师听出了你内心的渴望。你渴望——（爸爸回到身边陪伴你）；你渴望——（每天晚上能够睡个好觉）；你还渴望——（……）。

【图2】关键词：缺水、缺食物，生活艰难。（根据学生回答让学生板书）

【图10】【图14】欧先生非凡的勇气令人震惊。关键词：勇气。（根据学生回答让学生板书）

师：同学们，有些情节并不是单单令我们震惊。在震惊之余，我们还深深地被感动。比如这个情节。我们被欧先生的勇气震惊之余，又被他的勇气所感动——因为欧先生在"我们"最绝望的时候,为"我们"带来了音乐。

课件播放巴赫大提琴曲——

师:听着这大提琴曲,你的心里感觉——(好受多了、不那么紧张了、不那么害怕了……)。你觉得从大提琴里流淌出来的除了音乐,还有什么?

师:是呀,欧先生的大提琴里流淌出来的是音乐,是勇气,是一个充满希望、和平的世界。这一切,图画作者格里·库奇用色彩很好地表现出来了。

机动:介绍真实世界里的欧先生——韦德兰·斯梅洛维奇和这个绘本的创作背景。

(2)《凯琪的包裹》预设:

【图1】【图3】关键词:生活艰难、物资极度匮乏。(根据学生回答让学生板书)

①战争结束后,荷兰的奥斯特小镇几乎没有剩下什么东西。没有白糖、牛奶和肥皂,也没有新鞋……甚至连袜子也没有一双。

②罗西给凯琪寄包裹,竟然把这么多东西都送给了凯琪。

师:关于最震惊的情节,老师统计了一下同学们的预学单,其中被第一条震惊的同学有8人,这容易理解;但被第二条震惊的同学竟然有30人,这老师有点不明白了,我想听听你们的解释——请学生说震惊的理由。

师:我想同学们都被罗西的慷慨震惊了。但这只是罗西一个人慷慨吗?大家被罗西震惊的同时,我想也被凯琪她们震惊了,她们怎么连糖、袜子这么普通的东西都没有啊!是吗?

2. 最感动的情节。

(1)《欧先生的大提琴》预设:

【图10】【图14】欧先生的勇气。关键词:勇气。(根据学生回答让学生板书)

【图13】"我"理解了欧先生的勇气,所以送自己画的画给欧先生。关键词:理解。(根据学生回答让学生板书)

（2）《凯琪的包裹》预设：

【图3等】分享巧克力。每次包裹寄到，凯琪总会说："大家一起分享吧！"关键词：分享。（根据学生回答让学生板书）

师：这句话在绘本中出现了几次？每次凯琪说这句话时，她家自己过的是怎样的生活？

尽管如此，凯琪还是选择了与大家一起分享这些包裹里的东西。因为她知道，邮差克莱弘、邻居德兰先生一家等，大家此时都没有白糖吃，都缺少食物，都没有袜子穿，都缺少御寒的衣服……凯琪她真是一个（有爱心、懂得分享、善良）的孩子。

【图7等】罗西每次收到回信，总会寄更多的东西给凯琪。关键词：爱心、给予。（根据学生回答让学生板书）

师：讲到这里，我想起了《凯琪的包裹》中最后的一段对话。

出示课件对话：

妈妈紧紧拥抱着凯琪——"你为我们带来奇迹。"她说。

"不，"凯琪回答，"是罗西。"

师：同学们，你们认为是谁带来了奇迹，让荷兰奥斯特小镇的居民们度过了人生中最艰难的时光？

五、回读板书，畅谈发现

师：交流到这里，我们一起把黑板上的这些词语读一遍。

（生读）

师：读了之后，同学们有什么发现吗？

（一组词语都是描写战争的残酷的，另一组词语都是描写人性的美好的）

师：（指板书词语）多么鲜明的对比啊！这一组词语就如铁丝网般冰冷、无情，没有温度，读起来都让人害怕；而这一组词语——读着却让人感到温暖。交流到此，我们更加感受到了战争的丑陋、残酷的一面。

指板书，读词语。

师：是战争，让小孩子无辜被抓；是战争，让人们物资极度匮乏，缺水、缺粮食；是战争，让城市变成一片废墟；是战争，让人们亲人离散，家破人亡；也是战争，让人们整天生活在恐惧与不安之中。让我们来看一组数据。

出示课件：资料袋。

战争让无数人失去了生命。据不完全统计，第一次世界大战持续了4年3个月，有33个国家参战，卷入战争人口达15亿以上，军民伤亡3000多万人。第二次世界大战历时6年之久，先后有60多个国家和地区参战，20多亿人卷入战争，死亡7000多万人。

现在，战争同样给人类造成巨大的破坏。联合国儿童基金会2003年报告，自1990年至2003年，因为战争，全世界有200万儿童死亡，600万儿童受伤或残疾。

师：是啊，战争中受伤害最大的还是孩子。

出示课件：战争中的儿童照片。

师：战争夺走了孩子的爸爸妈妈；战争打破了孩子平静的生活，他们再也不能去学校读书了；战争给孩子带来了饥饿；战争也伤害了孩子的身体。看看这些孩子，他们仿佛用自己的眼神，无声地诉说着要……不要……

——我们要和平，不要战争。

——我们要读书，不要战争。

——我们要跟家人团聚，不要战争

……

师：要和平不要战争。这三个绘本让我们看到战争——这"铁丝网"残酷无情的同时，也让我们看到了战争这"铁丝网"上的"小花"。这小花是：

罗斯·布兰奇身上的——

欧先生身上的——

凯琪身上的——

罗西身上的——

师：唯有勇气，才能驱散笼罩在人们心头的恐惧与不安；唯有给予、懂得分享，才能使人们脱离物资匮乏的苦海；唯有善良、同情心、爱心，才能使人们迎来春天，让世界变成美好的人间。（边讲边擦去描写战争的板书）

六、总结提升，理解作者创作意图

师：讲到这里，我们回到之前留下的一个问题——

课件出示：为什么绘本中没有出现"德军""犹太人"这样的称呼呢？

师：不但如此，还有一个非常有趣的现象，就是这三个绘本都是战争主题，却没有一个绘本讲到具体的敌人是谁，甚至"敌人"一词出现的次数都非常少。老师做了一个统计。

出示课件表格：

绘本名称	"敌人"一词出现的次数	相关句子
《铁丝网上的小花》	1次	士兵们到处看到的都是敌人。
《欧先生的大提琴》	1次	我们被包围了，经受着敌人的攻击。
《凯琪的包裹》	0次	

师：这究竟是为什么呢？

预设：

原因之一：这三个绘本都是从儿童的视角来写的。站在儿童的角度，谁是敌人不是很清楚。如《铁丝网上的小花》，在罗斯·布兰奇的眼中，德军和苏军的汽车和坦克都发出很响的噪声，都散发着柴油的气味。只是服装不一样，语言不一样。

原因之二：作者的创作意图不是为了激起我们心中的愤怒与仇恨，而是想让我们记住绘本中的那些普通人物散发的人性之美——善良、勇敢、有同情心、有勇气、有爱心、懂得分享……

师：如果在《铁丝网上的小花》中出现具体的敌人的称呼，如"德军"，你看了绘本之后，会对"德军"产生什么样的情感？

——憎恨、愤怒。他们为什么要把这些无辜的小孩关起来？为什么要把罗斯·布兰奇打死?……

师：是呀！但同学们，愤怒、憎恨只会把我们引向仇恨，而仇恨只会再次引起战争，最终只会让我们再次生活在恐惧和不安之中。讲到这里，同学们知道这几个绘本的作者，他们想带给我们的、想让我们记在心底的是什么？

再次读板书，记住——铁丝网上的"小花"。

下课！

附："战争"主题绘本预学单

"战争"主题绘本预学单

班级：_____ 姓名：_____

书名	主要人物	人物印象
《铁丝网上的小花》		
《欧先生的大提琴》		
《凯琪的包裹》		
说说那些你印象深刻的情节（可以是一个片段，也可以是一张图画）		
	1. 最让你震惊的情节	2. 最让你感动的情节
《铁丝网上的小花》		
《欧先生的大提琴》		
《凯琪的包裹》		

《桂花雨》磨课记

一

　　《桂花雨》是人教版小学语文五年级上册第二组"思乡"主题单元的一篇略读课文，作者是当代台湾作家琦君。琦君（1917－2006），原名潘希珍，浙江温州人。她的一生，大陆三十年，台湾三十年，美国二十年，最后又回到台湾度晚年。课文《桂花雨》选自琦君1976年由台湾尔雅出版社出版的散文集《桂花雨》（选作课文时有改动）。此时，琦君离开大陆故乡已将近三十年。"独在异乡为异客，每逢佳节倍思亲。"在那个年代，他们那一代人，谁也没有想到这一别，竟会离开大陆故乡这么久。所以，他们那一代人，因为一时跨不过那"一湾浅浅的海峡"，最后都只能把思乡的情愫化为文字。于是，余光中写下了《乡愁》，林海音写下了《苦念北平》，谢冰莹写下了《小桥流水人家》……而琦君更甚，"怀乡思亲"竟成了她散文创作最大的源泉，《水是故乡甜》《月光饼》《故乡的婚礼》……都属于这一类文章。

　　《桂花雨》一文，也属于"怀乡思亲"主题。琦君借桂花来抒发她对故乡、故人、故事的思念之情。而体会作者对家乡的思念之情也正是教学《桂花雨》

一课时的难点所在。要突破这个难点,可以从理解母亲说的那句话入手——"这里的桂花再香,也比不上家乡院子里的桂花。"——这句话理解了,母亲的思乡之情也就理解了。再来理解"我"的思乡之情,就水到渠成。所以理解母亲说的那句话,是这篇课文的教学重点。

教学时,我打算从"比香"切入:这里的桂花与家乡的桂花哪个香?从而来理解母亲这么说的原因是母亲与家乡的桂花是有感情、有故事的,家乡的桂花为母亲带来了忧喜与悲欢。八月是台风季节,桂花一开,母亲就开始为桂花担心;收获桂花后,母亲会送给胡家老爷爷、毛家老婆婆,与人共享丰收桂花的喜悦;摇桂花时,不仅大人乐,小孩"我"也乐,沐浴这桂花雨,享受这摇花乐……吃桂花糕,泡桂花茶,一年四季,故乡的人们都浸在桂花的香气里,一年四季,母亲都与桂花发生着故事。所以母亲才会说:这里的桂花再香,也比不上家乡院子里的桂花。睹物思事,母亲在说这句话时,心里又在想家乡的那些跟桂花相关的故事了,又情不自禁地开始思念起家乡来。

带着这份理解,我走进了课堂。第一次教学时,我带着学生"读文""品'浸'""比香",环环相扣。再由母亲的话,回到家乡的那些"桂花事"。学生从而理解到母亲这么说是因为她想家了。但最后直到下课铃响,我的教学进度仍止步于此。可是理解母亲的思乡情不是本课主要的教学目标,本课主要的教学目标是要理解作者的思乡情。所以一堂课上下来,很不过瘾。自己虽然意识到了这一点,但是不知道该怎么来落实这一教学目标,不知道该怎么突破这一教学难点。

后来与朋友聊起此课时,朋友说:何不将作者的情感放到更加广阔的空间里来考虑呢?毕竟作者写此文时,身在台湾,离开大陆已将近三十年,此时杭州、温州对她来说,都算是故乡。杭州的桂花也好,家乡温州的桂花也罢,对作者琦君来说,都是有故事、有感情的。课文的原文中就提到作者在杭州赏桂花时发生的故事——

念中学时到了杭州,杭州有一处名胜满觉陇,一座小小山坞,全是桂花,花开时那才是香闻十里。我们秋季远足,一定去满觉陇赏桂花。赏花是借口,主要的是饱餐桂花栗子羹。因满觉陇除桂花以外,还有栗子。花季栗子正成熟,软软的新剥栗子,和着西湖白莲藕粉一起煮,面上撒几朵桂花,那股子雅淡清香是无论如何没有字眼形容的。即使不撒桂花也一样清香,因为栗子长在桂花丛中,本身就带有桂花香……

朋友接着说:所以,想让学生体会到作者的思乡情,你可以尝试一下引入原文。让学生知道,作者在这篇《桂花雨》中,不仅写了自己故乡童年时代的"摇花乐",也写了读中学时,在杭州吃桂花栗子羹的事。从而让学生感受到作者对这些"桂花事"的描写,想表达的其实是自己的思乡情。

我一听,这个想法有些道理。月是故乡明,花是故乡香。但此时对身在台湾的作者来说,杭州、温州都是她的故乡,那里的桂花都跟她有故事、有感情,所以她不觉得杭州的桂花比不上家乡温州的桂花。但对于作者的母亲来说,只有温州才是她的故乡,所以她才会这么说。想到这些,我心里又有些蠢蠢欲动,打算把这课再上一次。于是,我跟备课组长说,我打算在自己五年级备课组内再尝试上一次《桂花雨》。一拍即合,备课组长马上帮我发通知去了。

二

再次走进课堂,前面环节仍然没有多少变动。最后学生理解好母亲的那句话后,我问学生:母亲认为杭州的桂花再香,也比不上家乡院子里的桂花。但"我"为什么没有这么说呢?"我"却认为家乡的桂花是"不说香飘十里",杭州的桂花"那才是香飘十里"呢?接着便出示原文"吃桂花栗子羹"那段话,请学生读一读,从这段话中找出理由。我的目的是想让学生明白,从原文的这段话中,我们可以看出作者不像母亲,只与家乡的桂花有故事,她与杭州的桂花同样有故事,同样有感情。所以"我"才没有这么说。所以,"我"写桂花雨,既描写了家乡童年时代的"摇花乐",也写了杭州读书远足时吃桂花栗子羹的事，这些"我"都很想念，杭州、温州对"我"来讲，都是故乡。两个地方的桂花都很"香"。因为"我"此时已经离开大陆，身在台湾将近三十年了。

但可能是之前我没有铺垫好，也可能是这层关系当时还没有理顺，所以当我把这个问题抛出去之后，学生都没有反应过来，不知道该怎么回答，于是课堂便陷入了僵局。最后，教学难点仍然没有突破，学生仍然不能很好地体会到作者的思乡之情。

课后，同一备课组的几位老师，都毫无保留地向我提出了教学改进的建议。屠卿老师说，语文课，当老师提出一个问题后，再带着学生走进文本很重要，这样既有利于学生熟悉文本，寻找问题的答案，更好地回答老师提出的问题，也可以让语文课更加扎实、高效；于丹说，"比香"这一块做得很到位，特别是把那个"浸"字讲清楚了，但"摇花乐"这一块做得还不够，毕竟这也是本课的教学重点，而且课题之所以叫"桂花雨"，就跟"摇花乐"有关；史海燕肯定了我的设计，说这样做也是一条途径，但在具体操作上，还欠细化……我进入实验小学以来，每次上课，我们这个备课组团队都会给我的课提出不少改进的建议，而这些建议总让我受益匪浅。记得刚进实验小学时，我上了一堂《五毛钱的愿望》的导读课。这课正是在屠卿、于丹、史海燕等老师的帮助下，才"磨"得越来越像样，后来才可以在学校的教研活动中拿出来上。如果说，我现在上课有进步了，那么这点进步是与她们对我的指点分不开的。

这课上完后，我与特意赶来听课的张雯娣老师也聊了很多。她说我这堂课给了她不少启发，因为这篇课文去年的这个时候，她也研读过，但最后却没有继续深入下去，成了自己的一块心病，所以现在借此机会想继续研究一下这篇《桂花雨》。但我不明白的是，为什么我这么一堂失败的课，还会给她启发？张雯娣还仔仔细细向我讲了她对《桂花雨》的解读，以及本课的难点应该如何突破。但那时，可能我对这篇课文的理解还没有像她那么深入，所以她讲的教学思路，我始终不能很好地对接，也不知道应该如何把她的教学思路转化为我的教学实践。

《桂花雨》一课第二次尝试虽说以失败告终，但我却一点也不气馁，而且经课后这么一讨论，想再次试试的愿望越来越强烈。正好，五（7）班这一课还没有上过。于是，我马上跟五（7）班的张莉萍老师说，《桂花雨》这课，我来上。

上课班级是预定好了，但教学难点如何突破还没有解决。那几天，吃饭睡觉，整天想的就是这事。一次，我突然想到：母亲说的这句话，经过讨论，我和学生都明白了。但作者呢？作者听懂了吗？于是可以再次回到课文，从课文的最后一小节中可以看出，作者也是听懂了母亲的话的，因为"我又想起了在故乡童年时代的'摇花乐'，还有那摇落的阵阵桂花雨"。这阵阵桂花雨不仅寄托着作者童年时代的快乐，也寄托着作者对故乡的思念。讲到这里，再进一步揭示借物抒情的写法，同时引入琦君同题材、同写法的散文片段《水是故乡甜》和《月光饼》。阅读之后再问：为什么作者的思乡之情会这么浓烈？再次出示作者简介，让学生发现作者离家之久。离家久，所以思之深，念之切。至此，课文的难点就突破了……

三

一切准备就绪后，我又叫张雯娣来听课，看看我重新设计后行不行。金明东校长听说后，也来了。

因为正是桂花飘香的季节，我们这里又刚好有一个"香林花雨"风景区，所以课前便从聊风景区开始。我问学生：现在这个季节，如果有外地的游客来绍兴，你会推荐他去哪里游玩？学生们一致推荐去"香林花雨"玩，理由是现在那里桂花开得正旺。顺水推舟，我们又聊了"香林花雨"这个名字的含义，由此引出课题——《桂花雨》。

课件出示课题，齐读之后，我便出示作者资料：

琦君，原名潘希珍，当代台湾女作家、散文家。作品多以儿童故事为主。

课文《桂花雨》选自散文集《桂花雨》（1976年由台湾尔雅出版社出版）。她的一生，大陆三十年，台湾三十年，美国二十年，最后又回到台湾度晚年。

她1917年生于浙江温州，1928年随父亲到杭州，1949年迁至台湾，1977年旅居美国，2001年到故乡温州，2004年到台湾居住，2006年病逝在北京。

因为小学语文课本中，琦君的作品不多，学生对她基本不熟悉。出示资料，一是为了让学生了解琦君和课文的出处；二是为了让学生了解琦君的人生经历——为体会她深深的思乡情奠定基础。

了解作者之后，出示学习要求，开始引领学生走进《桂花雨》。学习要求很简单，一是让学生把课文读通顺、流利，二是让学生边读边把课文中描写桂花香的句子画出来。

对于第二个学习要求，金明东校长在课后点评时提到：这个设计，没有很好地把握住略读课文的特点，如果能够再"放"一点，那就更好了。略读课文，更多的应该是让学生自己学，老师在学生学的过程中，适当地加以点拨、引导即可，千万不要让学生仍然紧紧地跟着老师提出的问题来展开学习。同样的学习要求，如果换一种说法，问学生："同学们，《桂花雨》这篇课文一两遍读下来，你们读出了什么味道啊？"让学生自由地说，乐呀、喜呀、香呀……说什么都可以，就是要让学生说出自己读后的感受。在这个基础上，我们就可以抓住教学预设中要讲的那个"点"——比如"香"的味道，让学生画出相关语句，由此展开教学。这样一来，学生的主体性自然而然就体现出来了。

金校长不点破则已，一点破，我才恍然大悟。而我会这样提问，会抓得这么"牢"的原因，其实是源于对自己教学的不自信。怕一"放"，自己就没有能力把握课堂了。

学生看了学习要求之后，便开始自己朗读课文，同时也画出了描写桂花香的句子。这个问题对于学生来说，不算太难。课文读下来一遍之后，基本上都找到了描写桂花香的句子。让学生读过之后，梳理：这些描写桂花香的句子，写的是哪几个地方的桂花香？马上有学生回答，这些句子写的是家乡和杭州两个地方的桂花香。随后，便进入"体会香"的环节。

先体会家乡的桂花香，出示句子：

桂花盛开的时候，不说香飘十里，至少前后十几家邻居，没有不浸在桂花香里的。

读句子，问学生句中哪个字最能表现家乡桂花的那种沁人心脾的香味，让学生体会"浸"在桂花香里的那种感觉。再由这个"浸"字，过渡到下一个"浸"字：

全年，整个村子都浸在桂花的香气里。

再读句子，讨论"全年整个村子"浸在桂花香气里的原因。学生纷纷发言说，那是因为母亲在桂花摇落后，还要晒桂花，还要把桂花收在铁盒子里。这样过年过节时就可以做做桂花糕；有客人来时，泡泡桂花茶……这么一来，"全年整个村子"自然而然就"浸"在桂花的香气里了。两句话，两个"浸"，让学生充分感到了家乡桂花的香。那杭州的桂花呢？出示描写杭州桂花香的句子：

杭州有一处小山，全是桂花树，花开时那才是香飘十里。

学生从句中的"香飘十里"，读出了杭州桂花的香。为了让杭州的桂花香更好地在学生的头脑里留下印象，同时也是为了让学生此时形成的观点与接下来母亲说的话产生碰撞，于是我引入"满觉陇"的资料，来补充说明杭州这处小山的桂花香。学生看了"满觉陇"的资料后，再来读描写杭州桂花香的句子，香"味"更浓了。我趁热打铁，马上出示母亲的话：

可是母亲说："这里的桂花再香，也比不上家乡院子里的桂花。"

马上就有学生问："母亲为什么这么说呢？"是呀！于是，我又出示描写家乡桂花的句子与描写杭州桂花的句子。通过朗读、比较，我们明明发现杭州的桂花要比家乡的桂花香，因为一个是"不说香飘十里"，一个是"那才是香飘十里"。那母亲为什么会这么说？家乡的桂花到底带给母亲哪些记忆呢？默读课文，思考，再次让学生走进《桂花雨》。由此，课堂便进入"感悟情"的环节。

默读完课文之后，许多学生都找到了答案，举起了小手。有的学生说：家乡的桂花收下来之后，母亲可以送人——送给胡家老爷爷、毛家老婆婆，与他们一起分享丰收的喜悦。有的学生说：家乡的桂花成熟时，大人小孩可以一起摇桂花，一起享受"摇花乐"……是呀，家乡的桂花能带给母亲丰收的喜悦与摇花的快乐——"喜""乐"——我随学生的回答一一板书。这是家乡的桂花留给母亲的记忆，但这记忆只有喜与乐吗？听我这么一说，马上有学生回答：还有担心。课文中说：

故乡靠海，八月是台风季节。桂花一开，母亲就开始担心："可别来台风啊！"

母亲担心来台风的话，桂花就收得少了。学生说得真好。的确，家乡的桂花让母亲欢喜，让母亲忧。在母亲眼中，这桂花已不是桂花，仿佛是一位亲人，一个孩子，母亲有多少悲欢与忧喜倾注在里面。所以，当母亲看到台湾的桂花时，睹物思乡——母亲想起了家乡的那些"桂花事"，以及家乡桂花带给她的忧喜与悲欢。所以母亲才会说：

"这里的桂花再香，也比不上家乡院子里的桂花。"

再次出示母亲的这句话，让学生读。有了之前的这些感悟，学生这一次读时，自然而然把重音放在"再……也……"这组关联词上，这么一来，就把母亲对家乡桂花的那种浓浓的情读出来了。

这桂花勾起的是母亲那浓浓的乡愁啊！课上到这里，学生已经理解了母亲说的这句话。接着我话锋一转，问：大家现在已经明白母亲为什么会这么说，但文章中的"我"听懂母亲说的这句话了吗？

学生略一思索，说：听懂了。何以见得？你从文章的什么地方看出作者也听懂了这句话？我再问。于是学生再次走进课文，迅速浏览。很快有学生找到了根据。课文最后说——

于是，我又想起了在故乡童年时代的"摇花乐"，还有那摇落的阵阵桂花雨。

从这一段话中，可以看出作者听懂了母亲说的那句话，因为作者自己也想起了故乡童年时代的"摇花乐"。

看来，作者的确听懂了母亲的话。出示最后一小节，再次请学生齐读。这次，课堂的气氛已不像第二次上《桂花雨》时那样尴尬，本课的教学难点终于顺利突破。于是我开始小结：而这阵阵桂花雨，不仅寄托着作者童年时代的快乐，也寄托着作者对故乡的思念。像作者这种借桂花来表达自己思乡之情的写作方法叫借物抒情。这样的写作方法，在琦君其他文章中也经常用到。出示琦君文章节选片段：

尽管用以沏茶的水不是从故乡带来的，但只要是故乡的茶叶，喝起来也会有一股淡淡的甜味吧。——琦君《水是故乡甜》节选

台湾是产糖的地方，各种馅儿的月饼，做得比大陆上的更腻口，想起家乡的月光饼，那又香又脆的味儿好像还在嘴边呢！——琦君《月光饼》节选

讲到这里时，快要下课了，所以让学生读了两则节选文章之后，我马上进入最后一个环节，问学生：作者为什么会有这么深的思乡情？然后出示作者简介。

如果现在再让我教这个环节，我让学生读过这两段话之后，会先问一个问题：读了这两则节选的文章，你知道作者琦君分别借的是什么物，抒的是什么情吗？这么做既可以加深学生对借物抒情这种写作方法的印象，也可以为接下来的第二个问题做铺垫。当学生回答两则节选文字作者抒发的都是思乡之情时，再自然而然地问学生：《桂花雨》，作者是借桂花来抒发她的思乡情；《水是故乡甜》，作者是借水来抒发她的思乡情；《月光饼》，作者是借月光饼来抒发她的思乡情……为什么作者要写这么多的文章来抒发她的思乡情？或者说，她为什么会有这么深、这么浓的思乡情呢？或许我们可以从琦君的人生经历中找到答案。这时，再次出示作者琦君的简介，请学生默看。

看了之后，的确有细心的学生发现：琦君是1949年离开大陆迁至台湾的，

而写这篇文章时是1976年左右，这时琦君离开故乡已经将近三十年了。离开故乡这么多年都没有回去，怎能不思念呢？这思乡之情怎能不深呢？

很高兴我能够通过一堂课，把学生领到这里！

《桂花雨》这壶水，我也终于把它烧开了。

当课文遭遇原文

——关于《小桥流水人家》的教学思考

一

散文《小桥流水人家》是人教版小学语文五年级上册"思乡"主题单元的一篇略读课文。作者谢冰莹通过对故乡美好景色的描写，来表达自己的思乡之情。

上完课后，总感觉学生在体会作者思乡之情方面不够到位，问题到底出在哪里呢？课后我找到原文，几遍读下来，感觉原文特别亲切，但入选教材后好些内容被删掉了。学生对作者的思乡之情体会不深，是否跟这些删节有关系？抱着试试看的心理，我把原文读给学生听。

听完原文后，一部分学生认为原文好。说原文中"吃糖坏牙"的情节特有趣；说原文听起来特别有味道，写得具体；有一个学生说听我读原文，感觉就像是外婆在跟她聊天……当然也有些学生认为课文好，说课文简洁，课文写的内容都是跟课题"小桥流水人家"有关的，而原文还写了好些与课题无关的事，如"吃糖坏牙"的情节——基本上说课文好的学生都是这个理由。

学生的发言使我不得不再次拿起课文和原文进行对比、细读，看看删改后的课文有没有东西失去。

二

几遍细读下来，感觉课文与原文相比，的确失去了很多东西。现列举几例。

（一）重要的开头。

课文是直接从"故乡的小溪"说起的，而原文在此之前，还有这样一段话：

我不是心理学家，分析不出这是一种什么感情，人，越到老年，便越思念他的故乡。

散文讲究"起承转合"，这段话属于"起"，是文章的开头，直接言明这是一篇思乡之文，后面写的种种景、物、人、事，寄托的都是对故乡的思念。而且也呼应了文章结尾——"那段日子，深深地印在我的脑海中。那些美好的印象，我一辈子也不会忘记的"，使整篇文章结构严谨、完整。

同时，作者谢冰莹这么说是有原因的，她自1948年8月从上海到台湾，从此之后就再没有踏上故土（晚年在美国旧金山度过）。她去世后，人们按照她"如果我不幸地死在美国，就要火化，然后把骨灰撒在金门大桥下，让太平洋的海水把我漂回去"的遗嘱，将她的骨灰撒入大海，圆了她的还乡之梦。知道了这一点，便知道作者说的"人，越到老年，便越思念他的故乡"是什么滋味了，也知道了这是一种怎样的思念。由此可见，感受作者的思乡之情，这段话是最好的切入点，删去后，文章读起来就有点不知所云。

（二）关键的内容。

课文与原文相比，最大的区别就是原文中还有一大段描写家人和家庭情况的内容：由自家的平房引出乡下良好的治安和乡间人家盖的房子，再引出会理财的母亲，出远门求学的三个哥哥，给学生免费补课的父亲，还有母亲"吃糖坏牙"的劝告，等等。而学生对原文看法存在分歧，主要就是因为这部分内容。那这部分内容是不是真的像一些学生说的那样有趣味，又是不是像另一些学生说的那样偏离了课题"小桥流水人家"呢？回答这个问题，我们只要看这篇散文主题是什么就可以了。

从原文内容和课文所在的单元不难看出，这篇文章要抒发的是作者思念故乡之情。既然是"思乡"，最终还是应该回到对家人的思念上来的，如果不思念家人，这样的"思乡"就不免有些空洞，有些"轻浮"，没个着落。从这个角度分析，这段内容不但没有偏离文章主题，反而使思乡之情更加丰富和深刻。母亲"吃糖坏牙"的劝告就是很好的证明：

我从小爱吃糖，这是使我到老来天天为牙疼感觉烦恼的起因。"糖是最坏牙齿的，千万不要多吃，小孩子假使不听话，爱吃糖，到了老年，后悔来不及了！"母亲经常警告我，但我一句也听不进，我总以为妈是小气，舍不得给我糖吃。到如今，我的牙快要拔光了，上下都装了假牙，连最爱吃的花生米也不能嚼，除了豆腐、鸡蛋，连煮得不烂的青菜，也不能吃，实在太痛苦了！

作者年老时，无论是吃豆腐、鸡蛋，还是吃煮得不烂的青菜，都会不由自主地想起母亲的话，思念起母亲来。删去这些内容，其实删去的也是作者那浓浓的思念之情——可能就是这个原因吧，所以学习课文时，学生对作者的思乡之情感受不深、不到位。

编者如此处理，大概是这样认为：既然课题是"小桥流水人家"，那课文的内容也应该聚焦在小桥、流水、人家上。其实，作者对故乡的思念绝不仅仅局限在这三个物象上，出生时的卧室、母亲的善于理财、父亲和三个哥哥等一大堆细节，都寄托了作者浓浓的思乡情感，有了这些内容，思乡情感才变得丰富而深刻，变得血肉丰满。如果删去它们，把思乡情感窄化到小桥、流水、人家三个物象上，实际上是对课题理解的简单化与机械化，大大地削弱了文章情感的丰厚度。

（三）有趣的细节。

描写"小溪"的部分，课文是这样写的：

即使天旱，这条小溪也不会干涸。村民平时靠它来灌溉田园，清洗衣物，点缀风景。有时，它只有细细的流泉，从石头缝里穿过。

而原文中却是这样写的：

这条小溪，遇到天旱的时候，它会干涸，平时靠它来灌溉田园，点缀风景，供给大家清洗衣物；可是这时，它无能为力了，只有细细的流泉，从石头缝里穿过。

这两段话最大的不同就是对于"干涸"一词的理解不一样。原文认为，溪面上没有水了，只有溪底石缝里有细细的流泉，应该称为"干涸"；而课文（编者）认为石缝里还有流泉，应该不算"干涸"，所以说"即使天旱，这条小溪也不会干涸"，这样理解也是可以的。真正的问题不在这儿，而是在表达效果上大不一样。课文中的这段话，流水只是流水，是没有感情色彩的流水；但原文就不同，遇到天旱，它就"无能为力"了，"无能为力"把流水拟人化，让流水"活"了起来，有了生命和感情色彩，使文章更加富有情趣。从中，作者对故乡的思念之情也可见一斑。

三

带着这些理解，我再次走进课堂，与学生一起讨论、比较，就从课题聊起，聊马致远的《天净沙·秋思》，聊作者写作的背景，聊作者谢冰莹散文的风格……边读原文边聊，聊着聊着，又读原文的相关段落。课上得不算"精致"，但不管怎么说，通过对原文的深入了解和反复诵读，学生对作者的思乡之情和思乡之苦理解得更深了——至少比上第一课时要深得多。

作为从教多年的语文老师，我过去也知道许多文章被选作课文时大多作了删改，但从没有去研究过删改前的文章是怎样的。所以，当突然发现删改后的课文跟原文之间的差距时，我有些惊讶，有些茫然不知所措。

但经过这次实践，我意识到作为一个有文化自觉意识的老师，这种差异恰恰给自己的教学提供了很好的课程资源，巧妙而恰当地引入原作，进行比较阅读，会让学生更好地领悟语文的魅力，更好地拓展阅读视野。有了这样一种态度，面对改编后的课文，我们就不会只有叹息、埋怨和指责了。

(原载于《小学语文教师》2009年第12期)

走读绍兴

2013年秋，我进入绍兴市柯桥区实验小学。当时发现城区的学生学科成绩不错，但对家乡绍兴的历史文化和民俗风情等都不怎么了解。都说"一方水土养一方人"，既然学生生长在绍兴，那总要让绍兴的这一方水土来滋养他们，使他们成为真正的绍兴人。

于是从那年秋天开始，我花三年时间带领学生作了"找回鉴湖""运河古韵""越中名士""老街探幽""越地风俗""唐诗之路"六个专题的走读研学实践。2016年，"走读绍兴"课程被评为浙江省精品课程，课题被评为绍兴市规划课题一等奖。之后，"走读绍兴"在柯桥区教师发展中心的助推下，在柯桥区中小学全面实施。单是2019年寒假就有15所学校、3355名学生参加了研学实践。

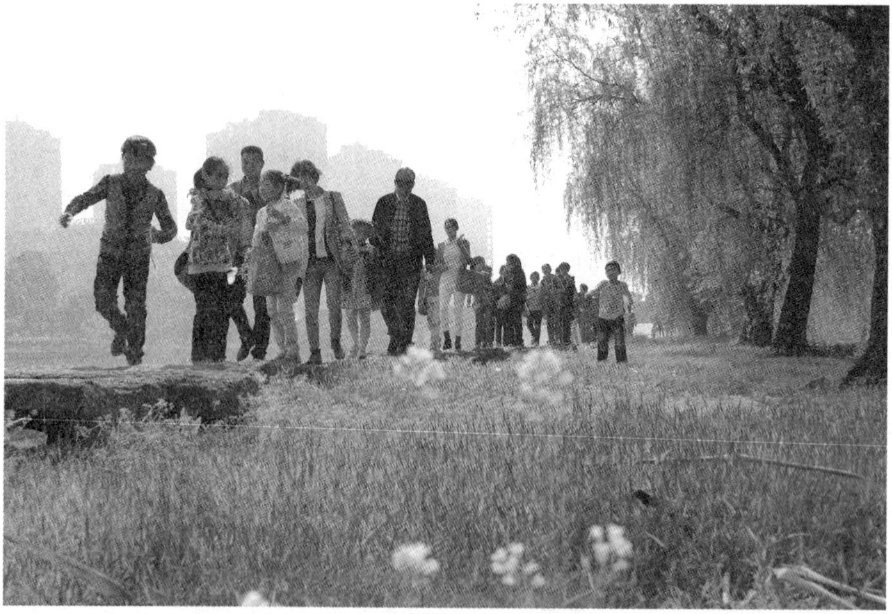

来，一起"走读绍兴"去！

2013年秋天，第一次给现在已经毕业的2016届学生的家长开家长会时，我向家长们展示了我的班级三年规划。规划之一就是"走读绍兴"——用三年时间，带领学生用自己的足迹来认知绍兴这座没有围墙的博物馆，成为一个名副其实的绍兴人。

我与学生初步商定，"走读绍兴"一学期走一个地方。第一站，"找回鉴湖"。说是"找回"真的一点也不假，对于今天的学生来说，兰亭、柯岩、鲁迅故里等名胜古迹可能都有耳闻，因为这些都是已经开发成熟的景点，学生可能也都去过，但鉴湖却不一样，它至今都没有被开发成风景区。也正是如此，今天的绍兴人对鉴湖多少都有些淡忘了。比如说，我。

我出生在绍兴湖塘，从小就是喝鉴湖水、玩鉴湖水长大的，但我对家门口的鉴湖却知之甚少。我不知道"无论是谢灵运的时代，还是李白、杜甫的时代，越州的东南重镇地位向来胜于杭州，绍兴鉴湖的名气也远远超过杭州西湖"；我不知道绍兴鉴湖竟然是"唐诗之路"上非常重要的一站，李白、崔颢、刘长卿、贺知章、孟浩然、王昌龄、白居易、元稹走一路吟一路，他们将鉴湖比作"月""镜""雪"，歌尽鉴湖秀色美景；我甚至不知道上学路上的那座西跨湖桥竟有千年历史，陆游曾经为它写下"东西二十里，相望两平桥"的诗句，徐渭曾为它作"岩壑迎人，到此已无尘市想；杖藜扶我，往来都作图画看"的桥联……而这些，竟都是我想带学生"走读绍兴"之前，做鉴湖的功课时才了解到的。也正是在做功课的过程中，我了解到：绍兴能够成为鱼米之乡，其实与一千八百多年前，马臻主持修建鉴湖密不可分……由此看来，"走读绍兴"从鉴湖开始，最合适不过了。而我也在这个过程中，对带领学生"找回鉴湖"的活动目标越来越清晰。

搜集与鉴湖有关的民间故事，了解鉴湖的由来；认识历史上鉴湖的地位，以及它与绍兴发展的关系；搜集描写鉴湖的诗词，找回那个隐匿在唐诗宋词和现代网络世界背后的鉴湖；领略鉴湖风光，摄下鉴湖美景，解密鉴湖令李白等诗人魂牵梦萦的原因……

"走读绍兴"的第一个对象确定了，活动目标也有了，现实难题也摆在了我眼前：从教这么多年，我从来没有独自带领学生外出进行过社会实践。怎么去，怎么回，具体用什么方式出行？应该注意哪些安全问题？鉴湖这么大，是走一段，还是走全程？出去实地考察时，应带什么东西，会遇到什么问题？……各种各样的问题扑面而来，我却没有一点经验。怎么办？最后我想，既然活动是学生的活动，怎能让学生置身事外呢？于是，在实地考察之前，我又多花了一个星期的时间来与学生讨论这些问题。学生的能力真的不可小觑，许多事情上，他们比我们老师考虑得要周到，比如说出行时应注意的安全问题等。最后与学生讨论决定，我们去离学校较近的"十里湖塘"那段鉴湖。

或许是这班孩子从来没有以这样的方式出去过，或许是他们被关在学校里的时间太久了，出行那天早晨，孩子们在家长的带领下，早早来到指定地点集合。三个一伙，五个一群，或挂个相机，或背个小包，个个脸上洋溢着笑容，个个神采飞扬——这样的面貌，我从来没有在学校里看到过。我想，真正的孩子应该是这样的，真正的童年应该是这样的。还没出发，我已经可以肯定："走读绍兴"必将在这些孩子的童年里留下印记。

"找回鉴湖"实地考察回来之后，学生吴一舟在日记中写道："千年的鉴湖，值得欣赏的美景实在太多，值得寻找的故事也实在太多。靠这短短的一天时间，根本领略不过来。如果有空，下次我还要去鉴湖走走看看，继续寻找鉴湖千年前令李白、陆游向往的秘密。"读着这一段话，我想这次活动的目的已经达到了。活动本身只是个引子，我就是希望学生通过这次活动，能更深入地去了解鉴湖的人文与历史。一位一起陪同前往的家长回来后告诉我："朱老师，以前我以为鉴湖就在柯岩风景区那里。想不到真正的鉴湖，主干道东起绍兴亭山，西至湖塘，全长有22.5公里。作为一个绍兴人，到今天才知道，真惭愧啊！"我想，这位家长的收获，应该也是今天这些孩子的收获吧！

有了"找回鉴湖"这次尝试，第二站"运河古韵"开展时就相对顺利多了。但两次活动开展下来，我发现了其中存在的一些问题。每次活动，设计的问题多是知识性的，学生只要查查资料就能明白。比如"浙东运河的历史、作用和具体走向""古纤道的历史和作用"等，挑战性不够。很少设计充满探究意味的问题，如"历史上，绍兴经济发展与浙东运河的关系"，可能对于这样问题的答案，我自己都不知道，但我想这才是真正能促进学生成长的问题。所以，在接下来的活动中，我会更注重探究。比如马上就要去的第三站——"老街探幽"，我们在了解相关老街的历史之后，要把活动的重心转移到探究老街兴衰的奥秘上来。

但不管怎样，学生在这两次活动中收获很大。像顾煜同学，在活动中他不但更多地了解了鉴湖，认识了浙东运河与古纤道，还意外地爱上了摄影（因为每次活动回来，我都会组织一个活动摄影展）。今年暑假，他发给我几幅摄影作品，说准备去参加"美丽柯桥·幸福水乡"摄影比赛。单是从这几张照片来看，顾煜同学的摄影足迹遍布古纤道、瓜渚湖、体育馆等，摄影时间从日出到日落，夜景也有。听顾煜爸爸说，顾煜暑假里总共拍了100多张照片，有时为等拍摄时机要很早起床……通过活动，学生能有这样的收获，夫复何求！

对于"走读绍兴"我没有太多的奢求，只希望孩子们的童年里，除了手机、电脑，还有青山绿水、鸟语花香，只希望绍兴这一方水土能够真正滋养他们成长。

（原载于《走读家乡》，浙江教育出版社，2019年10月）

"走读绍兴",开启乡愁之旅

浙江有座绍兴城,背靠会稽山,南接小黄山,西连跨湖桥,东牵河姆渡,已有2500多年的建城史,是一座没有围墙的博物馆。这里是中华文化的摇篮之一,但成长在千年古城的绍兴学生却对古城悠久的历史和灿烂的文化知之甚少。

"一方水土养一方人。"学生身在绍兴,受绍兴一方水土滋养,就应该都心怀故乡,成为一个真正的绍兴人。鉴于此,浙江省绍兴市柯桥区实验小学早在2013年底就开始尝试"走读绍兴"研学实践。

"走读绍兴",构建主题研学课程

乡土是构成个人自我生命的一部分。开展"走读绍兴"研学课程,就是希望学生在走读的过程中与绍兴产生情感,让绍兴成为每个学生自我生命的一部分。

"走读绍兴"中的"走",就是"走出去"——走出教室,走出学校,回到社会、自然中去,让学生用足迹去认识绍兴;"读"就是"读起来"——阅读书籍,浏览报刊、网络,到文字中去感受绍兴,触摸绍兴。让学生在边走边读、走读结合中了解绍兴的历史文化,感知绍兴的风土人情,从而打上绍兴人的文化印记。

柯桥区实验小学因地制宜,通过三年的实践与探索,构建起"找回鉴湖""运河古韵""越中名士""老街探幽""越地风俗""唐诗之路"六大主题的"走读绍兴"研学课程,基本上涵盖了绍兴的历史文化、风景名胜与民俗风情。

在研学过程中,学生能发现、提出自己感兴趣的问题,并转化为研究小课题,体验课题研究的过程与方法,提出自己的想法,形成对问题的初步解释,完成了一次次真实的学习。

分工合作,走读成就深度学习

"走读绍兴"承载着一定的教育功能,是学生课堂学习之外的另一条学习途径,所以学生的学习贯穿了整个走读过程。

当确定走读主题之后,学生马上分组搜集与走读主题相关的资料,并在课堂上交流汇报。对走读主题有了一定的了解之后,各小组再讨论决定调查研究的内容,制订探究方案。如学校开展"找回鉴湖"走读实践时,学生讨论出行方案就持续了很长时间。什么时间出行,用什么方式,走哪条路线,出行过程中可能会遇到哪些安全问题,应该怎么预防……为了让学生更加充分地投入到活动中,教师"躲"在学生身后,让这些问题也变成走读的一部分,由学生自己研究、解决。

最让教师欣喜的是,几次走读实践下来,学生会根据自身的特点来承担相应的走读任务:摄影、采访、制作PPT、汇报、写调查报告……每一个学生在小组里都有自己的岗位与职责,每一次走读都充分动起来,学习也在这个过程中真正发生了。

走读绍兴，让学生的学习方式发生了变革。学生在了解绍兴乡土文化的同时，也发展了自己各方面的能力，看见了成长的自己。走读，成为学生深度学习的一种方式。

线上研学，探索走读新模式

从 2016 年开始，"走读绍兴"研学课程在柯桥区实验小学教育集团两个校区 130 多个班级同步推进。学校结合"走读绍兴"六大主题，设计线上研学的走读菜单与走读任务。

走读菜单。因为每个走读主题研学的地点都不止一个，所以设置成菜单的形式供学生自由选择。以"越中名士"为例，这个主题下设置王阳明（阳明故里、阳明墓）、王羲之（兰亭、书圣故里）、陆游（沈园、快阁公园、陆游故里）、鲁迅（鲁迅故里、鲁迅外婆家）等对绍兴有重大影响的人物专题，每个人物又有多个研学点，大大丰富了学生的研学内容。

走读任务。学校从研学前、研学中和研学后三个层面，设计了"研学预热""研学打卡""名片设计""研学体验"四项研学任务。"研学预热"要求学生研学前做准备，比如阅读书籍、观看影视资料、查阅地图等；"研学打卡"就是拍一张反映自己走读研学的照片，从而让研学更具仪式感；"名片设计"是让学生研学之后概括对研学的人、物或景的印象，以此培养学生设计、概括、美化、整理等方面的能力；"研学体验"主要是鼓励学生在研学过程中参与体验类活动，增加研学的趣味性，如坐一坐乌篷船，当一次景区导游，找一找"泥墙根"的无穷趣味等。

2019 年初，"走读绍兴"线上研学在"之江汇教育广场"APP 平台尝试上线。全校学生在家长的带领下利用寒假开展研学实践，根据研学菜单选择研学点，设计研学路线。研学中学生可以现场提交研学成果，也可以在第一时间通过平台看到全校同学的研学动态并进行互动，这大大激发了学生研学的兴趣。而以家庭为单位的研学旅行也增进了亲子关系。

柯桥区实验小学还特别推出"名士章""风俗章""古迹章"等"走读绍兴"研学章，为认真完成研学任务的"走读绍兴"小达人举行线下颁章仪式，激发学生参与"走读绍兴"研学的热情。

共享走读，让更多孩子心怀故乡

从2019年初的寒假开始，"走读绍兴"线上研学至今已经开展三次，让学生广泛受益。在柯桥区教师发展中心副主任范信子的助推下，学校还把"走读绍兴"线上研学活动共享给柯桥区其他学校，让更多的孩子用脚步丈量绍兴、认识绍兴。仅2019年暑假就有14所学校参与进来，其中柯桥区柯岩中心小学就提交了3310件作品，而柯桥区夏履镇中心小学对研学出色的学生给予了"校级走读小达人"的表彰。

吴杰博士在《台湾乡土教育历史与模式研究》一书中说："乡土教育是保持族群记忆、延续族群文化和维持种群繁衍的根本途径。"柯桥区实验小学校长周炳炎认为："互联网+教育"背景下的线上研学，既方便了学校推进研学旅行，也方便了学生参与研学实践，真正实现了"一方水土养一方人"，在提高学生社会责任感、创新精神和实践能力的同时，也让学生成为一个有故乡印记的人。

"走读绍兴"研学课程未来将继续借助技术的力量推动在线研学，让更多孩子心怀故乡。

（原载于《中国教师报》2020年7月1日）

以"走读绍兴"为载体开发绍兴乡土文化拓展课程的实践研究报告

一、问题的呈现

"人类有两大属性：生物性和社会性。'社会人'的精彩之处在于其文化。文化可以将中国人、英国人、日本人等从国籍上区分开来；可以把汉族人、苗族人、纳西族人在族性上区分开来。"（邓启耀《访灵札记》）

但随着时代的发展，笔者越来越感觉到今天学生对家乡历史文化的了解越来越少，"社会人"属性不断削弱，身上作为绍兴人的文化印记越来越淡。

今天的学生，课余不是参加各种培训班，就是沉浸在电视、手机或电脑的世界里，他们过的是一种"去自然化"的生活，都成了三毛笔下的"塑料儿童"。这一点，从笔者对班级学生双休日安排的调查中可以清晰地发现（见图1）。一班学生47人，参加培训班的学生竟然有44.7%，而看电视、玩手机或电脑的学生加起来竟然也有34%，选择外出游玩的学生只占4.3%。可怕的是，这不是个例。美国知名儿童权益宣导人理查德·洛夫在他的《林间最后的小孩——拯救自然缺失症儿童》一书中指出："去自然化"的生活，儿童的自然缺失症，已经成为全球化时代人类共同的现代病。

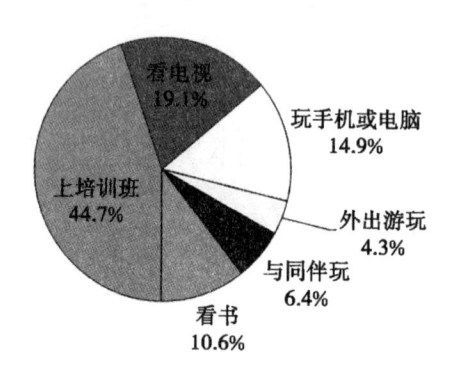

图1 学生双休日安排调查（全班47人）
- 上培训班 44.7%
- 看电视 19.1%
- 玩手机或电脑 14.9%
- 看书 10.6%
- 与同伴玩 6.4%
- 外出游玩 4.3%

除此之外，笔者在调查中还发现，外地学生"社会人"属性普遍不高。这部分学生父母因为工作关系定居绍兴，他们不是从小被父母带到绍兴，就是出生在绍兴的。以笔者所在的地区为例，近年来在绍兴打工、创业、经商的外来人口逐年增加，班中外地学生比例逐年上升（见图2）。但这些学生因为从小生活在异乡，所以他们身上既没有"第一故乡"的文化印记，也没有"第二故乡"的文化印记，"社会人"属性在他们身上逐渐隐没。笔者班上，来自安徽、福建或省内其他城市的外地学生，在总数量上与绍兴本地学生基本持平。

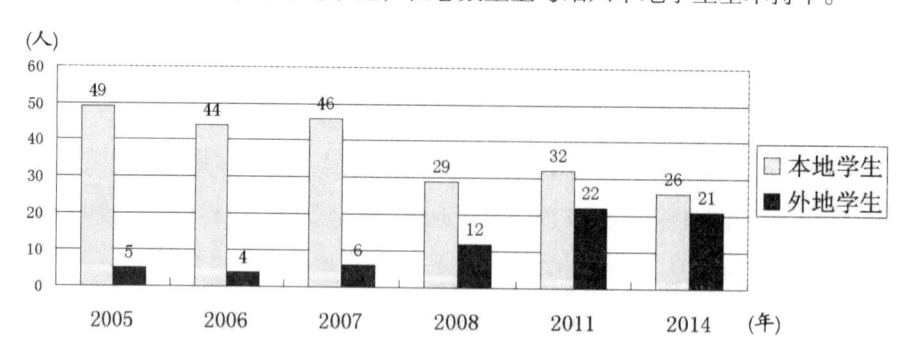

图2 班级学生组成变化趋势图

年份	本地学生	外地学生
2005	49	5
2006	44	4
2007	46	6
2008	29	12
2011	32	22
2014	26	21

而本地学生因城市建设和房屋拆迁等原因，同样面临着与故乡割裂的困境。如笔者曾带学生走读过的柯桥老街，如今已开始拆迁改造。到时大家看到的"老街"，肯定不再是童年记忆中的柯桥老街了。

二、改进缘由（背景）

（一）乡土文化课程化的研究是课程所需。

《义务教育语文课程标准》提出，"自然风光、文物古迹、风俗民情，国内外的重要事件，学生的家庭生活，以及日常生活话题等也都可以成为语文课程的资源""各地区、学校都蕴藏着多种语文课程资源。要有强烈的资源意识，去努力开发，积极利用。学校应认真分析本地和本校的特点，充分利用已有的资源，积极开发潜在的资源"。

2015年发布的浙教基36号文件《浙江省教育厅关于深化义务教育课程改革的指导意见》中指出："积极探索拓展性课程的开发、实施、评价和共享机制，体现地域和学校特色，突出拓展性课程的兴趣性、活动性、层次性和选择性，满足学生的个性化学习需求。"

因此，乡土文化已成为地方课程开发的重要内容，成为教育教学的有益补充，从而使学生在乡土文化的浸润、感知中得到发展。

（二）乡土文化课程化的研究是现实所需。

绍兴已有2500多年的建城史，是一座没有围墙的博物馆，一脚就能踏出一段历史。

"一方水土养一方人"，既然学生成长在绍兴，那总要让绍兴的这一方水土来滋养他们，使他们成为一个真正的绍兴人。"乡土教育是保持族群记忆、延续族群文化和维持种群繁衍的根本途径"，笔者希望学生通过"走读绍兴"来接触社会，走进自然，因此在一系列"走读绍兴"实践活动的基础上，开发并形成了绍兴乡土文化拓展课程。

笔者希望"走读绍兴"拓展课程能承载这样的功能：学生通过"走读绍兴"来接触社会，走进自然，在走读中了解自己家乡的历史文化、风土人情，激发学生热爱家乡的情感，从而丰富自己作为"社会人"的属性，让学生成为真正的绍兴人。

三、改进措施

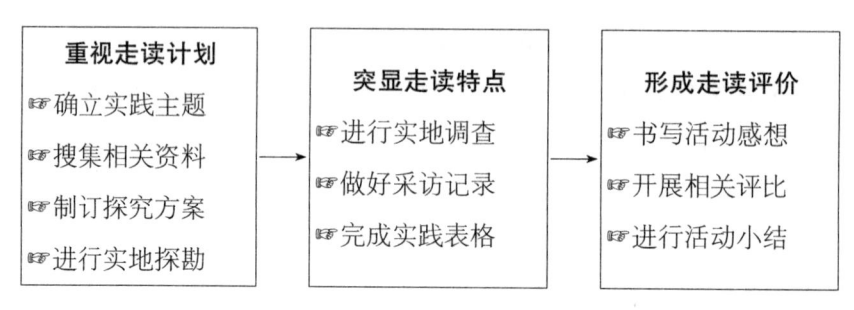

重视走读计划
- 确立实践主题
- 搜集相关资料
- 制订探究方案
- 进行实地探勘

↓

突显走读特点
- 进行实地调查
- 做好采访记录
- 完成实践表格

↓

形成走读评价
- 书写活动感想
- 开展相关评比
- 进行活动小结

"走读绍兴"研究至今，笔者带领学生已经开展了"找回鉴湖""运河古韵""老街探幽""越中名士"和"越地风俗"等主题的实践活动，在走读活动中，逐渐形成了走读策略。

（一）重视走读计划。

学生在"走读绍兴"之前，其实已经游览过一些绍兴的风景名胜和历史遗迹。但那样的游览，多是走马观花，学生对景点背后的文化内涵和历史底蕴并没有了解多少。

"走读绍兴"既然作为乡土文化课程来开发研究，那么肯定会承载一定的教育目的，也一定有别于普通的游玩。因此，走读前的准备显得尤为重要——这直接影响了走读的质量。

（二）突显走读特点。

走读绍兴："走"就是"走出去"——走出教室，走出学校，回到社会中去、自然中去，让学生用足迹去认识绍兴；"读"就是"读起来"——阅读书籍，浏览报刊、网络，到文字中去感受绍兴，触摸绍兴。让学生在边走边读中、走读结合中了解绍兴的历史文化，感知绍兴的风土人情，从而打上绍兴人的文化印记。

如"找回鉴湖"和"运河古韵"两次活动，笔者都全程参与，总会不时地停下来，和学生一起聊鉴湖，谈鉴湖上的西跨湖桥，讲浙东运河边的古纤道……仿佛把课堂搬到了鉴湖边、运河畔，学生在这个大课堂里，通过交流学习，对鉴湖和运河的历史和作用有了更深入的了解。

（三）形成走读评价。

实践活动归来之后，是学生整理资料、书写感想的时候。这个时候，为了让学生有更多的收获、对活动有更深的印象，所以教师还需要继续跟进，继续通过相关活动来回味整个活动过程，吸收内化整个活动中的收获。

(1) 开展摄影展。

每次活动都会举办一个摄影展，一是为了让学生在走读过程中更专注地去欣赏、去记录一路的迷人风光，二是为了展示学生整个实地调查的情形。每次活动结束，当我们把这些优秀的摄影作品展示在教室外的走廊上时，不但吸引了本班的学生去回味欣赏，更吸引了其他班的学生，吊起了他们也想去"走读绍兴"的胃口。

(2) 举办手抄报评比。

手抄报是集组稿、编辑、排版、美术、书写于一体的脑手并用的创造过程，对于学生来说，无疑是发挥才能、展现个性的优质平台。所以每次活动小结时，开展一次主题手抄报评比，也是不错的选择。一张小小的手抄报，基本上可以把学生在整个活动过程中的所见所闻、所想所感一一呈现出来。一次优秀的手抄报评比展示，也是一次对整个活动的回顾与展示。在锻炼学生各方面能力的同时，也加深了学生的活动感受。

(3) 书写活动感受或调查研究报告。

《义务教育语文课程标准》中第二学段（3～4年级）的综合性学习目标是："结合语文学习，观察大自然，观察社会，用书面或口头方式表达自己的观察所得。"第三学段（5～6年级）的综合性学习目标是："为解决与学习和生活相关的问题，利用图书馆、网络等信息渠道获取资料，尝试写简单的研究报告。"所以笔者在四年级开展"找回鉴湖"和"运河古韵"综合实践活动时，对学生的要求是能把活动的感受书写下来就可以了。但到五年级开展"老街探幽"综合实践活动时，笔者就要求学生能够写简单的研究报告。这样既符合学生的学段特点，也能够让"走读绍兴"系列实践活动走得更深入。

(4) 开展"闯关夺星"达标。

每次实践活动都有很多活动任务,如搜集资料、阅读书籍、调查采访等。为了更好地展示学生完成任务的情况,激发学生参与实践活动的积极性,笔者在开展"唐诗之路"实践活动时,特意为每位学生准备了一张"唐诗之路"综合性学习闯关夺星评价表,把每一个任务依次设计成"关卡",每个"关卡"根据难易程度,设置一定的"星级"。这么一来,既向学生展示了整个实践活动的任务,也有效地反馈了学生参与活动的情况。

四、改进成效

(一)"走读绍兴"由活动走向课程。

随着实践活动的开展、完善和深入,一个绍兴乡土文化拓展课程自然而然地浮出水面。课程的目标逐渐清晰起来。

一是通过活动前期对相关书籍、视频等资料的了解,活动时亲身走访,活动后期交流反馈的形式,来认识绍兴的历史文化和风俗民情。

二是通过书籍阅读、资料搜集、实地走访、调查体验、感受书写等活动方式,培养学生策划、组织、协调和实施的能力,提升学生核心素养,促进学生全面发展。

三是通过课程实践,重新建立学生与自然绍兴、文化绍兴、历史绍兴的联结,增强学生身上"社会人"的属性,让学生在真实的世界里学习。

四是通过"走读绍兴"系列活动,激发学生热爱绍兴、建设家乡、报效祖国的情感,让学生在感悟历史中坚定理想信仰,在沐浴崇高中升华思想境界,从而成为一个真正的绍兴人。

于是,一个基于学生认知规律和学段特点的"走读绍兴"乡土文化拓展课程体系初步出笼,在此基础上构建的"走读绍兴"拓展课程教材也基本形成。

(二)"走读绍兴"建设全新的走读课程模式。

类似于"走读绍兴"这样的拓展课程,笔者不是第一个开发研究的人。在此之前,就已经有"绍兴市地方课程《我是绍兴人》(初中七、八、九年级)"

"越文化教育读本·魅力绍兴系列（小学）""系列乡土教育读本《三看绍兴》（小学）"等等。所以梳理"走读绍兴"的课程体系不是难事，我们可以在前人研究的基础上再作整合。笔者需要研究的重点是走读的策略与方法。通过实践研究，突出"走"与"读"，把"走"与"读"紧密地结合起来。

经过一年多的研究，笔者已经形成学生"走读绍兴"系列实践活动过程中的活动照片集、活动感想集和相关主题的学生调查研究报告等活动资料，并已初步开发出"走读绍兴"的全新走读课程模式。

(1) 教材编写，突显走读理念。

如今，"走读绍兴"课程教材初稿已经出炉。在教材编写上，除了基本的阅读材料之外，笔者在每单元还设置了一个"走读拓展"栏目来指导学生进行走读实践。

同时在每一课的课后拓展中，相应地推出"影视圈""宽带网""讨论会"和"风景线"等栏目，全方位、多角度地引导学生走读，真正突显"走读绍兴"课程的走读理念。

(2) 走读实践，整合学科教学。

"走读绍兴"拓展课程从一开始，就是紧密结合语文课堂教学来展开的。如"运河古韵"单元是整合四上语文第五组"世界遗产"单元来开展走读实践的；"老街探幽"单元是整合五下语文"综合性学习：走进信息世界"来开展的；而"越地风俗"单元则是整合六下语文第二组"民风民俗"单元来展开教学的。像"越地风俗"单元，在开展走读实践过程中，还整合了六上品德与社会第二单元"民风、民俗知多少"的教学内容。

第一轮走读课程结束之后，在第二轮走读中，笔者还与美术学科的教学内容进行了整合。如把四下美术中《家乡的桥》与"运河古韵"单元第三课"纤道古桥"整合，在走读浙东运河的基础上，观察家乡的古桥，从而用陶泥来制作"家乡的桥"。

如此一来，不但加强了"走读绍兴"课程与其他学科之间的联系，提高了课堂教学效率，同时也减轻了学生的课业负担，激发了学生的学习兴趣。

(3) 结合"互联网+"，开展走读尝试。

在这个互联网高度发达的数字时代，笔者也开始尝试以"互联网+"的模式来开展走读实践。

一方面，笔者在"中国教育云"平台设立"走读绍兴"教师个人空间，通过平台来布置走读任务，观看相关微课教学视频。学生也通过这个平台，学会了"掷寸子"和"花线绷"等越地游戏的玩法，大大地节省了课内的教学时间。笔者的"走读绍兴"教师个人空间，也因此在2016年被评为浙江省"特色空间"。

另一方面，笔者还开设了"走读绍兴"微信公众号，利用微信公众号来发布活动信息，扩大了"走读绍兴"课程的社会影响力，同时也为更好地"走读绍兴"开设了一条新的路径。

(三) 所取得的研究成果。

"走读绍兴"课程被评为柯桥区首届义教段精品拓展课程，绍兴市第五届义务教育精品课程和浙江省第五届义务教育精品课程。相关的课题研究也在2015年和2016年被评为柯桥区课题成果一等奖和绍兴市课题成果一等奖。一些走读实践活动，如"运河古韵""老街探幽""越地风俗"等，分别在柯桥区中小学综合实践活动成果评比中获一等奖。在2016年3月，"走读绍兴"还被《柯桥日报》以《"走读绍兴"　点燃孩子恋乡热情》为题专版报道。

五、问题反思

"走读绍兴"实践到今天，仍有一些问题留给笔者去思考。

第一，"走读绍兴"课程虽然已经形成教材，并被评为浙江省第五届义务教育精品课程，但接下来应该如何去改进完善，让教材"走读"的特点更突出，同时也更具趣味性，这仍然需要笔者继续去探索和实践。

第二，在数字化时代的背景下，如何让"走读绍兴"课程更具时代感，用怎样的方式走读更贴近时代的脉搏，更能吸引学生的目光，需要笔者继续深入地去尝试、去开拓。

第三，课题研究离不开理论指导。笔者在研究的过程中，越来越感觉到自身没有成体系的理论依据来指导课题研究，以致理论依据比较单薄，迫切需要课程理论方面的充电，而这直接影响着"走读绍兴"课题的走向。

美国圣地亚哥一名四年级小学生坦言：我更喜欢在屋里玩，因为只有屋里才有电源插座。对于"走读绍兴"，我们课题组没有太多的奢求，只希望孩子们的童年里，除了手机、电脑，还有青山绿水、鸟语花香，只希望绍兴这一方水土能够真正滋养他们成长。

（此文入选2017年绍兴市普通中小学、幼儿园教学改进主题报告备讲目录）

"走读绍兴"课程纲要

绍兴历史悠久，人才辈出，文化底蕴深厚，名胜古迹众多，是一座没有围墙的博物馆，拥有丰富的课程资源。为全面贯彻党的教育方针，落实立德树人根本任务，帮助学生了解乡土乡情，开阔眼界，增进对绍兴历史文化、风土人情等的认知，激发乡土意识，形成乡土认同，培养社会责任感、创新精神和实践能力，特制订本课程纲要。

一、课程背景与课程性质

（一）课程背景。

当今社会飞速发展，对公民素养提出了更高的要求。学生一方面要了解社会，了解世界，学习并继承民族优秀文化传统；另一方面要将当下的学习与明天的生活紧密结合起来。绍兴是水乡、桥乡、酒乡、书法之乡、名士之乡，蕴含着丰富的文化内涵，绍兴的学生了解和传承民族优秀文化要立足绍兴，使用好家乡资源。

如今学生的课余生活不是被名目繁多的培训大潮所淹没，就是被花花绿绿的各种电子媒体所侵蚀。他们离自然越来越远，对自己生活着的这片土地的人文历史、风俗民情等越来越不了解，越来越不像一个绍兴人。

（二）课程性质。

"走读绍兴"是一门以培养学生的乡土情怀、传承与传播优秀乡土文化为主要目标，以乡土课程资源为内容，以在乡土情境中深度学习为实施方式的跨学科实践性课程。本课程从学生的真实生活和现实发展需要出发，让学生走进自然，走进社会，通过阅读书籍、搜集资料、实地走访、调查体验等方式，了解家乡的自然景观、历史文化、风土人情，认识家乡社会发展的现状，激发学生热爱家乡的情感，丰富学生作为"社会人"的属性，真正做到"一方水土养一方人"。

二、课程目标

本课程的目标是从"走读绍兴"的过程中获得丰富的实践经验，建立与家乡自然、文化和历史的联结，形成对自然、社会和自我之间内在联系的整体认识。课程具体目标如下。

第一，活动前期，通过阅读有关书籍、观看视频资料等方式加深对家乡的了解；活动中期，通过实地走访、调查体验等形式开展活动；活动后期，用总结感悟的形式认识、触摸、解读家乡，从而对家乡的人文历史、自然生态、风俗民情等有更深入、更系统、更立体的了解，激发探索及研究家乡乡土文化的兴趣。

第二，通过"走读绍兴"系列实践活动，学会用多种手段搜集、分析、处理信息，培养策划、组织、协调和实施的能力；在实践过程中，发现并提出自己感兴趣的问题，同时能将问题转化为研究课题，体验课题研究的过程与方法，形成对问题的初步解释。

第三，通过"走读绍兴"系列实践活动，从认识家乡中了解社会，在研究家乡中观察社会，从热爱家乡中增强建设家乡的责任感、使命感并推及中国心、民族情；在感悟家乡历史中坚定理想信仰，在沐浴乡土文化中升华思想境界，为身为绍兴人而感到自豪。

三、课程内容

"走读绍兴"课程内容可以从独特性（这个地方独有）、生活性（与这块土地上的人的生活密切相连）与文化性（历史与文化积淀）三个维度加以考量，结合家乡的历史文化、自然景观、民俗风情等课程资源进行整体架构，具体设置"找回鉴湖""运河古韵""越中名士""老街探幽""越地风俗""唐诗之路"六大板块（见表1）。

表1 "走读绍兴"课程内容

年级	主题	走读理由	课程目标	课程内容	所需课时	实施方式
四年级	找回鉴湖	绍兴是鉴湖的产物，鉴湖是绍兴的"母亲湖"。正是鉴湖让绍兴自古就成为一个鱼米之乡。	1. 通过资料的搜集，了解马臻与鉴湖的故事和鉴湖的历史变迁，并会讲一个鉴湖民间故事。 2. 讨论制订"找回鉴湖"活动方案，初步培养学生策划、组织能力。 3. 通过对"十里湖塘"段鉴湖的走读，激发学生深入走读鉴湖的兴趣和保护"母亲湖"的情感。	1. 鉴湖故事搜集。（鉴湖的民间传说、历史故事）	课余（1周）	资料搜集
				2. 鉴湖故事我来讲。（讲鉴湖故事，汇报整理搜集的资料）	1课时	故事汇报
				3. 走读方案初制订。（确定实践走访地点；讨论考察内容、出行方式及安全预案）	1课时	班会讨论
				4. "找回鉴湖"我走读。（观察、采访、记录、摄影）	课余（1天）	实地考察
				5. "找回鉴湖"摄影展。（在走廊上展示作品，学生参观。邀请家长、老师对作品进行评比）	课余（1周）	摄影展
				6. 鉴湖归来谈感想。（书写活动收获，完成实践表格，汇报活动感受，表彰优秀学生；小结活动，整理资料）	1课时	成果汇报

续表

年级	主题	走读理由	课程目标	课程内容	所需课时	实施方式
四年级	运河古韵	浙东运河连接了京杭大运河和海上丝绸之路，途经绍兴，繁荣了绍兴的经济，促进了绍兴的发展，沿途的老街曾经的辉煌就是证明。	1. 通过阅读书籍、观看视频等方式，了解浙东运河、古纤道和太平桥等古迹的历史和作用等。 2. 初步学会设计活动方案，培养学生策划、组织、协调和实施的能力。 3. 在实地走读中欣赏运河风景，认识古纤道、太平桥的作用，激发学生对浙东运河的热爱之情。	1. 浙东运河·古纤道·太平桥。 （搜集相关资料，了解运河的历史、作用等知识）	课余（1周）	资料搜集
				2. 说运河，话纤道。 （学生代表交流汇报搜集的资料；观看纪录片《话说运河》；设计制订出行方案）	2课时	班会讨论
				3. "运河古韵"我走读。 （走访古纤道、太平桥；参加"运河古韵"摄影比赛）	课余（1天）	实地考察
				4. 运河小报我制作。 （完成"运河古韵"综合实践活动表；总结活动感受，并以手抄报的形式展示活动收获）	课余（1周）	书写体会、制作小报
				5. "运河古韵"小报、摄影展。 （上交"运河古韵"摄影作品和手抄报作品；布置展览，并组织评比）	课余（1周）	作品展览

走读绍兴

续表

年级	主题	走读理由	课程目标	课程内容	所需课时	实施方式
五年级	越中名士	"鉴湖越台名士乡",绍兴自古名人辈出,越中名士不仅为中华民族的精神建设做出了不可磨灭的贡献,也为绍兴人民留下了丰富的文化遗产。	1. 通过阅读越中名士的故事、传记、文学作品等,了解越中名士的生平事迹及主要功绩。尝试设计一张名士名片。 2. 根据走读主题设计实践方案,尝试自主提出研究问题,开展实地调查,培养学生策划、组织和调查探究的能力。 3. 感受名士精神,激发学生作为绍兴人的自豪感,引导学生树立人生志向。	1. 确定研究对象。(学生自主讨论,选择自己感兴趣的绍兴名士,确定名士的研究点)	1课时	班会讨论
				2. 搜集名士故事。(活动启动,开始搜集名士的相关资料,阅读名士故事或传记等)	课余(1周)	资料搜集
				3. 设计研究方案。(学生设计实践调查方案,确定出行时间、方式、安全注意事项等;课堂上小队代表交流汇报,形成方案,确定研究的主题)	2课时	班会讨论、汇报
				4. 走读名士故里。(各小队约定时间,在家长的陪同下,走读名士故居、遗迹等,结合研究主题,开展实地调查、采访)	课余(1天及以上)	实地考察
				5. "我眼中的名士"研究汇报。(小结梳理,得出研究结论;各小队派代表汇报实践成果)	1课时	班会汇报
				6. 名士名片设计展。(名士名片设计,优秀作品展示,组织评比并表彰)	课余(1个月)	作品展览

续表

年级	主题	走读理由	课程目标	课程内容	所需课时	实施方式
五年级	老街探幽	老街是绍兴的一张脸，从这张脸上，我们可以看到绍兴曾经的繁荣与昌盛。（结合五下语文第三单元"综合性学习：遨游汉字王国"来开展）	1. 通过阅读书籍报刊、上网查询关于绍兴老街的资料及对老街的实地调查，让学生了解这些老街的历史和形成的时代，老街兴衰的原因及老街未来的走向等。2. 通过对老街相关信息的分析研究，初步培养学生利用搜集的信息来处理相关问题的能力，激发学生利用信息进行研究的兴趣和对绍兴老街的热爱。3. 学会与别人交流，体验利用信息进行研究的快乐；初步学会撰写调查研究报告。	1. 活动主题我决定。（学生自主讨论，确定活动主题——"老街探幽"。活动启动，开始搜集柯桥区周边老街资料）	课余（1周）	资料搜集
				2. 探究问题我讨论。（学生整理资料，制作PPT，进行汇报；讨论确定各自想调查研究的问题）	1课时	班会汇报、讨论
				3. 实践方案我设计。（学生设计实践调查方案，确定出行时间、方式，安全注意事项等；课堂上小队代表交流汇报，形成方案）	1课时	班会汇报
				4. 老街实地我探幽。（各小队自行选择时间，选择想调查的老街，进行实地采访、调查，做好调查记录）	课余（1天及以上）	实地考察
				5. 调查报告我撰写。（开展"老街的昨天、今天、明天——'老街探幽'实践活动汇报及研究报告撰写指导"教学；学生进行"老街"主题的研究报告撰写）	2课时	课堂教学、撰写报告
				6. 调查报告我展示。（调查报告进行评比、表彰并展示；回顾活动得失，总结）	课余（1周）	评比、表彰、总结

走读绍兴

续表

年级	主题	走读理由	课程目标	课程内容	所需课时	实施方式
六年级	越地风俗	"越地风俗"旨在引导学生走进家乡绍兴民风民俗的大千世界，希望学生通过对家乡风俗的调查，感受民风民俗文化，以此达到了解绍兴悠久历史与深厚文化的目的，促进绍兴非物质文化遗产的继承和发展。	1. 知道民风民俗文化是中华民族的特色文化，是祖国传统文化的精髓。了解家乡绍兴的民风民俗的一些表现形式及其文化内涵，并能积极思考、探究越地风俗形式背后的意蕴内涵。能正确认识民风民俗活动在人们生活中的作用。 2. 通过调查、交流、汇报等活动，使学生感受到越地风俗的绚丽多彩及丰富深刻的内涵意蕴，激发起学生热爱家乡绍兴传统文化的情感，激发他们的民族自豪感，并初步培养学生探究家乡民风民俗文化丰富内涵的欲望。	1. 走近民风民俗。（结合六上品德与社会的内容，引导学生走近民风民俗；设计风俗调查表，启动实践活动）	2课时	课堂交流
				2. 实践调查越地风俗。（学生阅读跟习俗相关的书籍、报刊，并趁寒假过年，调查绍兴过年习俗；完成自己设计的习俗调查表）	寒假假期	资料搜集、调查记录
				3. 越地风俗调查汇报。（学生整理调查资料，进行汇报交流）	1课时	班会交流
				4. 越地风俗拾遗展示。（整理出有特色的绍兴风俗，并在宣传窗进行展示）	课余（1个月）	习俗展示
				5. 走进越地儿戏。（由越地岁时习俗，走进越地娱乐习俗，让学生了解绍兴传统的儿童游戏，完成调查表；开展"越地儿戏"拓展课教学）	课余（2周）+1课时	调查采访、拓展教学
				6. 制作"越地风俗"小报。（队员根据搜集的资料和调查的收获，设计制作一张"越地习俗"主题小报，并择优展览）	课余（2周）	小报制作、作品展览
				7. "越地风俗"实践自评。（队员回顾实践活动，针对自评表的内容，进行自我评价）	1课时	实践自评

续表

年级	主题	走读理由	课程目标	课程内容	所需课时	实施方式
六年级	唐诗之路(鉴湖)	浙东"唐诗之路"是名副其实的中华民族遗产，构建出了"唐诗之路"上的人文景观和自然景观。而鉴湖是浙东"唐诗之路"的起点，也是其中非常重要的一站。	1. 通过查找书籍、网络等途径，搜集描写鉴湖的诗歌，培养学生搜集信息和处理信息的能力。2. 通过鉴湖诗歌的展示及欣赏，认识诗歌里的鉴湖，从而激发学生对"文化鉴湖"的探索兴趣。3. 由鉴湖引出浙东"唐诗之路"，激发学生探究浙东"唐诗之路"的兴趣。	1. 鉴湖诗歌我搜集。(通过书籍、网络等途径，搜集描写鉴湖的诗歌)	课余(1周)	资料搜集
				2. 鉴湖诗歌我展示。(每位同学把搜集的鉴湖诗歌，选一首在走廊上展示，但不能重复)	课余(1周)	诗歌展
				3. 鉴湖诗歌我欣赏。(把要展示的鉴湖诗歌，借助工具书了解大意，体会情感，并在小组内推荐，然后选代表在全班推荐)	1课时	诗歌朗诵
				4. 诗歌里的鉴湖(教师根据学生搜集的鉴湖诗歌开展课堂教学)	1课时	课堂教学
				5. 镜头里的诗意鉴湖。(走出课堂，走进鉴湖，重点游览绍兴偏门一带的鉴湖及马臻墓；拍摄与诗句相应的鉴湖风景)	课余(1天)	实地走访

四、课程实施建议

(一) 教学建议。

"走读绍兴"课程为跨学科的实践活动类课程，主要通过主题探究、调查统计、社会实践、设计制作、评比展示等方式来实施。根据学生学段特点，教师每学期可选择一个专题进行综合实践。

课程具体实施时，分校内和校外两个层面。校内层面，主要以资料搜集、方案制订、交流讨论、设计制作、评比展示等形式为主，教学时除了学校规定的拓展性课程，也可以整合语文、道德与法制、音乐、美术等学科课程开展教学。校外层面，主要以调查采访、参观考察等形式为主，可利用节假日、双休日开展活动。活动以小组合作为主，也可以在家长的陪同下进行。学生根据活动方案，安全开展社会实践。

本课程除了依循一般的教学原则外，尚需遵守下列原则。

（1）以满足学生的个性发展为根本，注重为学生提供多种学习经历，丰富学习经验。

确立学生在学习中的主体地位，关注学生的已有经验、兴趣爱好、个性特长等发展特点。关注学生学习全过程，通过创设有意义的真实学习情境，设计项目式、主题式、探究式的学习活动，拓宽学习渠道，帮助学生在学习过程中丰富学习经验。

（2）倡导自主探究、实践体验、合作交流的学习方式。

倡导合理灵活地利用各种课程资源进行学习，实现学习方式的多样化，通过多种途径满足学生多样化和个性化发展的需要。引导学生根据自身特点和活动需要，明确分工，做到人尽其责，合理高效。充分发挥合作学习的优势，重视培养学生的自主参与意识与合作沟通能力。

（3）注重培养学生的创新精神、实践能力和积极情感。

重视人文精神与科学精神的培养。重视培养学生乐于动手、勤于实践、勇于创新的意识、习惯和能力。积极鼓励学生利用信息技术手段突破时空限制，进行广泛的交流与合作，实现知识传承、能力发展、积极情感的统一。

（4）处理好学生自主实践与教师有效指导的关系。

教师应当成为学生活动的组织者、参与者和促进者，教师的指导应贯穿于课程实施的全过程。

（二）评价建议。

"走读绍兴"课程实施是否能有效达成目标，需要依据评价的结果判定。

课程评价坚持"三原则",即参与性原则、过程性原则和激励性原则。参与性原则,即课程评价注重学生的亲身参与和全员参与,注重学生的自我评价和自觉评价;过程性原则,即课程评价关注学生参与课程活动的过程和实践体验,重视对过程的评价和在过程中的评价,并把对学生的评价与对学生的指导紧密结合起来;激励性原则,即激励学生张扬个性,施展才能,激励学生勤于实践、乐于创新、不断进取。

因此,本课程教学活动的学习评价,采用多元评价的方式,重视学生学习的过程,了解学生学习的兴趣、困难以及学习的结果,并掌握学生认知、情感、技能三方面的学习成效,促使学生达成学习目标。

(1) 本课程采用表现性评价,不采用书面方式的考查与测试。采用过程性评价与成果性评价相结合、自评与他评相结合的方式,了解学生的学习状态和效果。

(2) 活动过程中的表现性评价主要考查守纪守时、主动参与、合作能力、承担责任、完成情况等方面。成果性评价包括作品评价和展示评价,作品评价包括符合主题、完成状况、创意等方面,展示评价包括展示时分工情况、语言表达、形体姿态等方面。

(3) 评价可以以多种形式进行。学生自评,即学生自己对照参加本课程以来的变化真实地进行自我评价。教师评价,即教师根据学生在活动中的表现、实践的态度(投入程度)以及搜集信息、处理信息的能力,给学生适当的评价;教师可利用成长记录袋、闯关夺星评价表等方式简单记录学生的表现,作为评价依据。同学互评,即学生根据被评价者汇报交流的情况,给予合适的评价。他人评价,即家长、社会等对学生活动的评价。

(4) 在课程实施过程中,教师要指导学生分类整理、遴选具有代表性的活动记录、典型事实材料以及其他有关资料,形成每一个学生的"走读绍兴"研学课程档案袋,作为学生自评、同学互评、教师评价的重要依据。

(5) 建议将评价结果记入学生学期学业评估。具体可采用以下表格作为评价依据（见表2至表5）。

表2 "走读绍兴"学生自评表

等级		A	B	C	D
学生自评内容	积极参与				
	意志毅力				
	方法态度				
	团队精神				
	组织能力				
	社交能力				
	创造发展				
	成果表述				
教师评语					
成绩评定					

表3 "走读绍兴"实践活动闯关夺星评价表

关 卡	闯关任务	星级	闯关情况
第一关	设计一张"走读绍兴"相关主题的调查表，并在课余时间开展调查实践。	★★	
第二关	阅读一本"走读绍兴"相关主题的书籍。	★★	
第三关	在采访记录本上做好相关采访记录。	★	
	用照片的形式记录，并上交两张照片。	★	
第四关	完成调查表。	★★	
	完成一篇相关的采访文章。	★★	
	上交三张左右能反映活动的照片。	★★	

续表

关卡	闯关任务	星级	闯关情况
第五关	参加摄影比赛，上交至少一幅摄影作品。	★	
	摄影作品获摄影比赛二等奖。	★	
	摄影作品获摄影比赛一等奖。	★★	
第六关	制作一张"走读绍兴"相关主题的手抄报。	★★	
	手抄报获二等奖。	★	
	手抄报获一等奖。	★★	
第七关	书写一篇主题习作或实践小结。	★★	

（　　）同学，你在本次"走读绍兴"闯关夺星实践活动中，最终获得_____星实践荣誉。特此祝贺！

表4 "走读绍兴"课程学习体会评价表

项目	优秀	良好	需努力	评价
主题 (30分)	主题鲜明，有深度，令人印象深刻。(25—30分)	主题突出，较能吸引人。(21—24分)	主题一般，平淡无奇。(18—20分)	
内容 (30分)	内容丰富、集中、鲜明，能够准确反映主题，逻辑性强。(25—30分)	内容较松散，虽与主题相关，但逻辑性不强。(21—24分)	内容松散、无序，主题不明晰。(18—20分)	
信息量 (30分)	信息量大，并能与教材内容相结合，能根据著作进行发挥，有自己的见解，能阐明哲理。(25—30分)	信息量较大，能与教材内容相结合，在著作的基础上有所发挥。(21—24分)	信息量小，没有创新之处，无自己的见解。(18—20分)	

走读绍兴

续表

项目	优秀	良好	需努力	评价
文字运用（20分）	文字优美，有哲理，朗朗上口。（18—20分）	文字通顺，有一定的哲理。（15—17分）	多处语句不通，文字平淡无奇。（12—14分）	

表5 "走读绍兴"学生活动目标评价表

评价要素	评价内容	评价等级	学生自评	同学互评	教师评价
学习态度	积极参与，遵守纪律	优秀 良好 达标 待达标			
	善于观察，主动建议				
	不怕困难，勇于克服				
合作交流	主动配合，相互合作	优秀 良好 达标 待达标			
	乐于帮助，资源共享				
	认真倾听，发表意见				
学习技能	发现问题，设计方案	优秀 良好 达标 待达标			
	搜集信息，整理归纳				
	实践方法，方式多样				
收获体会	构思活动，富有新意	优秀 良好 达标 待达标			
	认真练习，快乐参与				
	沟通心得，按时完成				

（三）学习材料编写建议。

学习材料主要是指学习用书和活动手册。

"走读绍兴"要从学生周围的生活环境着手，引导学生认识乡土，了解乡土。因此在编写教材时，建议根据课文内容，在每一单元中分别设置"宽带网""风景角""影视窗""讨论会""实践园"等充满趣味的栏目，力求内容丰富多彩，生动有趣。

学习材料的编写除体现一定的风格和特色之外，还应遵循以下几点要求。

（1）乡土化。为了让学生更好地了解家乡乡土文化的特性，学习材料应兼具典型性、代表性和独特性，使学生在有意义的实际情境中展开深度学习活动，培育乡土情感。

（2）生活化。学生比较熟悉实际生活中的事物，将它们作为学习材料，易引起学生的兴趣与关注。

（3）结构化。家乡乡土文化包罗万象，学习材料应按照一定的逻辑，将知识、活动设计等形成体系，使学生容易理解。

（4）趣味化。在众多的乡土课程资源中，选取比较有趣味的内容编入学习材料，可以增加学生的学习兴趣，提高学习效果。

（5）针对性。学习材料的编写要从学生的实际出发，符合学生的特点和需要，考虑他们的学习能力和接受能力。

（6）可读性。学习材料一般包括背景系统、正文系统、活动系统、评价系统四个部分内容，应力求行文深入浅出，通俗易懂，语言生动、规范，图文并茂，逻辑严密，数据可靠。

（此课程纲要为参考《走读家乡》一书中由本人撰写的《第一部分：课程纲要》修改而成）

"走读绍兴"寒暑假研学长作业设计

一、研学作业背景

绍兴已有2500多年的建城史，是一座没有围墙的博物馆，一脚就能踏出一段历史。但学生成长在这样的千年古城，却对古城的历史积淀与人文内涵一无所知，这无疑是对绍兴乡土资源的浪费。都说"一方水土养一方人"，既然学生成长在绍兴，那总要让绍兴的这一方水土来滋养他们，让他们成为真正的绍兴人。

那么怎样利用寒暑假时间来引导学生了解绍兴，走进绍兴这座没有围墙的博物馆呢？

我们柯桥区实验小学特意在"之江汇教育广场"APP上创建了一个"走读绍兴·寒暑假研学游"活动。希望实小学子通过"走读绍兴"来接触社会，走进自然，在一系列"走读绍兴"的研学实践中，了解自己家乡的历史文化、风土人情，从而让自己成为一位真正的绍兴人。

二、作业适合对象

小学一至六年级学生。

三、作业时间

寒暑假期间。

四、作业目标

1. 通过活动前期对相关书籍、视频等资料的了解，活动中亲身走访、调查，活动后期总结感悟的形式来认识、触摸、解读绍兴，从而对家乡绍兴的人文历史、自然景观、风俗民情等有更深入、更系统、更立体的了解。

2. 通过书籍阅读、资料搜集、实地走访、调查体验、感受书写等活动方式，培养学生策划、组织、协调和实施的能力，养成运用乡土文化进行学习的能力，提升学生综合素养，促进学生全面发展。

3. 在走读中，重新建立学生与自然绍兴、文化绍兴、历史绍兴的联结，增强学生身上"社会人"的属性，让学生在真实的世界里学习。

4. 激发学生热爱绍兴、建设家乡、报效祖国的情感，让学生在感悟历史中坚定理想信仰，在沐浴崇高中升华思想境界，从而成为一个真正的绍兴人。

五、作业要求及过程

请学生根据相关走读专题，对家乡绍兴进行暑假研学旅行；可以选择一个走读主题中的一个项目进行研学旅行；也可以选择一个走读主题中的多个项目进行研学旅行；有时间、有精力的同学，也可以选择多个主题多个项目进行研学实践。

选定走读主题后，学生参与研学打卡，完成相关研学任务，进行研学成果展示，在"柯桥智慧校园"平台的"活动广场"上分享。互相欣赏，互相激励，点燃"走读绍兴"的研学热情。

走读主题一：越中名士

【走读菜单】

1. 王阳明：阳明故里、阳明墓。
2. 王羲之：兰亭、书圣故里。
3. 陆游：沈园、快阁公园、陆游故里。

4. 鲁迅：鲁迅故里、鲁迅外婆家。

5. 辛亥革命"绍兴三杰"：徐锡麟、陶成章、秋瑾。徐锡麟故居、陶成章故居、秋瑾故居、秋瑾纪念碑、大通学堂。

【走读任务】

1. 研学预热。走读前，至少读一篇名士的文学作品。如王阳明的家训、王羲之的《兰亭集序》、陆游的诗词、鲁迅的《从百草园到三味书屋》、辛亥革命"绍兴三杰"的诗歌，等等，然后再出发去研学旅行。

2. 研学打卡。拍一张自己在走读地点研学实践的照片。

3. 名片设计。走读之后，凭着你对名士的了解，给名士设计一张名片。可以从姓名、籍贯、出生地、职业、成就等方面来进行设计。

4. 研学体验。来到相应的走读景点之后，可以做相应的实践尝试。如在沈园找到陆游写的《钗头凤》读一读，在兰亭可以临摹王羲之的《兰亭集序》，在百草园里可以去找找"泥墙根"的无穷趣味……

【走读展示】

1. 故事讲一讲。在走读的过程中，搜集名士的故事，回家后讲给爸爸妈妈或弟弟妹妹听。

2. 把自己设计好的名片美化一下，开学后带到班级进行评比。（A4纸大小）

走读主题二：唐诗之路

【走读菜单】

1. 鉴湖诗情：湖塘西跨湖桥、七尺庙、柯岩鉴湖景区、马臻纪念馆、偏门东跨湖桥、马臻墓等。

2. 云门古寺。

【走读任务】

1. 研学预热。传说中的浙东"唐诗之路"，留下了李白、杜甫等唐朝诗人1500多首诗。那么，这究竟是怎样一条路呢？它又经过了哪些地方？请你在走读研学之前，先从网上找来浙东"唐诗之路"的路线图看一看。

2．研学打卡。拍一张自己在走读地点研学实践的照片。

3．名片设计。走读之后，凭着你对鉴湖或云门寺的了解，设计一张名片。建议从景点名称、地理位置、诗人年龄、诗人足迹、经典诗篇等方面来进行设计。

4．研学体验。在相应的古迹吟诵一首描写此古迹的诗歌，拍一段微视频；柯岩至越城区的鉴湖游船已经开通，有兴趣的同学可以坐游船游鉴湖。

【走读展示】

1．诗配图。拍一张"唐诗之路"古迹的风景照片，然后给照片配一句唐诗。有条件的班级还可以举办一个摄影展。

2．把自己设计好的名片美化一下，开学后带到班级进行评比。（A4纸大小）

走读主题三：运河古韵

【走读菜单】

古纤道、太平桥、浙东运河园、八字桥、八字桥历史街区。

【走读任务】

1．研学预热。有一部《话说运河》纪录片，其中有一集讲的就是浙东运河，同学们走读之前，可以从网上找来看一看。

2．研学打卡。拍一张自己在走读地点研学实践的照片。

3．名片设计。走读之后，凭着你对浙东运河的了解，设计一张名片。建议从运河名称、起止、年代、世界遗产入选理由等方面来进行设计。

4．研学体验。走一走古纤道，猜一猜古纤道在古时候有什么作用；画一画太平桥栏板上雕刻的精美花纹，想一想这些花纹有何寓意；赏一赏八字桥，说说它的特别之处。

【走读展示】

1．绘画或泥塑。浙东运河上有太多造型别致的古桥了，请你选择一座你最喜欢的古桥，试着用绘画或泥塑的形式，把这座古桥表现出来。

2. 写导游词。浙东运河入选世界文化遗产，请你走读之后，用导游词的形式，把浙东运河介绍给更多的人。

3. 把自己设计好的名片美化一下，开学后带到班级进行评比。（A4 纸大小）

走读主题四：老街探幽

【走读菜单】

柯桥老街、安昌老街、东浦老街、斗门老街、仓桥直街。

【走读任务】

1. 研学预热。有一本书叫《老街漫步·绍兴》，有兴趣的同学，走读之前可以先找来读一读。

2. 研学打卡。拍一张自己在走读地点研学实践的照片。

3. 名片设计。走读之后，凭着你对相应老街的了解，给老街设计一张名片。建议从老街名称、地理位置、年代、特色等方面来进行设计。

4. 研学体验。尝一尝老街的特色小吃，找一找老街之间的异同，拍一拍老街遗留的古典风韵，坐一坐穿行在老街水巷间的乌篷船。

【走读展示】

1. 老街不同，兴衰也不同。有兴趣的同学，可以以老街的兴衰或现状为切入点写一份调查研究报告。

2. 把自己设计好的名片美化一下，开学后带到班级进行评比。（A4 纸大小）

走读主题五：越地风俗

【走读菜单】

越地传统节日习俗、越地传统游戏习俗。

【走读任务】

1. 研学预热。研学前先按时间顺序梳理一下绍兴人重视的一些重要节气和传统节日,然后确定在寒暑假中可以研学实践的节气或节日。

2. 研学打卡。拍一张自己在走读地点研学实践的照片。

3. 名片设计。走读之后,凭着你对相关节日习俗或游戏习俗的了解,设计一张名片。建议从名称、时间、习俗内容(玩法)、习俗来历、今日看习俗等方面来进行设计。

4. 研学体验。记录节日:用照片和文字来记录家乡某个节日习俗的全过程;记录游戏:说起游戏,同学们想到的都是电脑游戏或手机游戏,但你们的爸爸妈妈小时候玩的却不是这些,那么他们玩的是什么游戏呢?请你做个小调查,把游戏的名称和玩法记录(画、拍摄)下来。

【走读展示】

1. 把你用文字和照片记录下的节日习俗体验过程制作成一个小册子,记得给这个小册子取一个有趣的名字,开学展示给自己的同学看。

2. 与小伙伴或父母一起尝试着玩一下绍兴的传统游戏并拍摄、记录下来。

3. 把自己设计好的名片美化一下,开学后带到班级进行评比。(A4纸大小)

走读主题六:馆藏绍兴

【走读菜单】

绍兴博物馆、越文化博物馆、柯桥区非物质文化遗产馆、中国黄酒博物馆。

【走读任务】

1. 研学打卡。拍一张自己在走读地点研学实践的照片。

2. 名片设计。走读之后,凭着你对相关博物馆的了解,给走读的博物馆(或博物馆内的某一件文物)设计一张名片。建议从名称、建馆时间、位置、博物馆特色、馆内布局、镇馆之宝、自己喜欢的文物等方面来进行设计。

3. 研学体验。当个小小讲解员:选择一件特别的文物,对它进行了解和认识,回家讲解给爸爸妈妈听。有兴趣的还可以把讲解的过程拍摄下来,做个微视频。设计参观路线：参观过博物馆之后，结合博物馆的布局结构，你觉得怎样参观更合理，请你来设计一条参观线路。

【走读展示】

1. 把你对博物馆或文物的讲解词写下来，开学后交给老师。大家共同编一本"绍兴博物馆讲解词集"。

2. 把自己设计好的名片美化一下，开学后带到班级进行评比。（A4纸大小）

六、作业流程

第一阶段（实践阶段）

学校传达"走读绍兴"假期研学活动通知，学生通过"之江汇教育广场"APP进入"活动广场"学校专题活动，选择相关走读专题进行走读研学，上传走读成果，师生互动。

第二阶段（评选阶段）

评选、颁奖和作品展示阶段。根据学生走读排行榜数据以及研学任务的完成情况，各班评选出"走读绍兴小达人"。学生结合自己的研学情况，向学校申请"走读绍兴研学章"（走读绍兴·名士章、走读绍兴·古迹章、走读绍兴·风俗章、走读绍兴·博物章），学校审核通过后，公布名单，并授予学生相应的"走读绍兴研学章"。

"云门寻古"行前指导教学设计

【研学背景】

浙东"唐诗之路"自20世纪90年代初提出以来,引起人们广泛的关注,并在学术文化研究和传播上取得了丰硕的成果。

但就是这样一条晋唐以来文人墨客往来频繁、对唐诗发展有着重大影响的山水人文旅游线路,却并未被今天绍兴的中小学生所熟知。要知道,这可是一条有461位唐代诗人游历过,并留下了1500多首诗歌的山水人文之路。

这条路上,不仅留下了孟浩然的《渡浙江问舟中人》,也留下了贺知章的《回乡偶书》,还留下了李白的《梦游天姥吟留别》……绍兴的孩子,如果不知道这条充满历史文化底蕴的文学之路、山水之路,无疑是一种莫大的损失。

而"云门寻古"研学旅行的实践,就是希望学生通过对浙东"唐诗之路"绍兴境内的重要节点云门寺的研学走读,来认识云门寺的悠久历史和灿烂文化,从而进一步认识浙东"唐诗之路",激发学生对家乡的自豪感,培养学生的家国情怀。

【研学点简介】

云门寺坐落于绍兴城南十五公里的平水镇秦望山麓的一个狭长山谷里，这是一座历史悠久的千年古刹。原为晋中书令王献之之宅。晋义熙三年（407），现五色祥云，安帝诏建寺，赐号云门。

唐时，云门寺便成为浙东"唐诗之路"的重要节点，云门、若耶、秦望是浙东"唐诗之路"的集散地，是当时诗人们游历绍兴的重要驿站。

【教学目标】

1. 了解云门寺的历史，引导学生初步认识浙东"唐诗之路"。

2. 确定"云门寻古"研学所要探究的问题，设计研学活动，完成研学旅行方案。初步培养学生的策划、组织能力。

3. 激发学生热爱家乡的情感，培养学生的家国情怀。

【教学重难点】

教学重点：引导学生设计研学方案。

教学难点：引导学生确定自己想要探究的问题。

【教学过程】

一、游戏导入，唐诗接龙

师：课前我们先来做个小游戏。作为五年级的学生，大家在小学里一定积累了不少古诗词，接下来我们来展示一下，看看大家究竟积累得如何。

出示要求：以小组为单位，接龙背诵唐诗。同一个作者只能出现一次，接不上的小组淘汰。

师：看哪个小组是最后的胜利者。

学生开始游戏。（请一书法较好的学生上来板书诗人姓名）

二、引出诗路，导入新课

师：同学们，大家知道吗，刚才你们背诵的这些唐诗的作者，绝大多数都来过我们绍兴。

（圈画板书上的诗人姓名）李白来过，杜甫来过，孟浩然也来过……在唐朝的时候，来我们绍兴游历的诗人远远不止这几位。据考证，来绍兴一带游历的唐代诗人有461位。他们一路走来，一路写来，留下了1500多首诗歌，形成了一条独特的"唐诗之路"。

（出示浙东"唐诗之路"示意图）

师：听了老师的讲述，你此时有什么感受？

师：看了屏幕上这组数据，你又有什么问题想问？

生：1. 这些诗人为什么要来我们绍兴？2. 他们留下了哪些著名的诗篇？3. 这些诗人去过绍兴哪些地方？……

三、认识研学，探讨主题

师：有这么多问题，我们可以怎么办？

生：上网搜索、看书查找资料、实地调查、问大人/采访……

师：同学们说了这么多办法，其实我们只要开展一次研学旅行，就能解决这些问题。（板书：研学旅行）

师：大家听说过研学旅行吗？从字面上你怎么理解研学旅行？

生：1. 边研究，边学习，边旅行。2. 在旅行中学习。……

（研学旅行是研究性学习与旅行相结合的一种学习方式。认识普通旅行与研学旅行的异同）

师：解决问题的方法找到了，那我们从哪里开始呢？或者说我们想认识浙东"唐诗之路"，第一步该怎么走，去哪里？我们再来看一下浙东"唐诗之路"的路线图。

（出示路线图，讨论研学点。提供绍兴鉴湖、平水云门寺若耶溪、新昌天姥山三个研学点，请学生讨论，说出自己选择的理由）

师：在这三个研学点中，离我们最近的是平水的云门寺若耶溪，尽管近在眼前，我们对它仍然非常陌生，或者说知之甚少。所以老师建议，同学们想认识浙东"唐诗之路"，可以从云门寺若耶溪开始，来一次"云门寻古"研学旅行。

(出示研学主题：云门寻古。补充完整板书课题："云门寻古"研学旅行)

四、初窥云门，设计方案

师：确定了研学的主题，知道了我们要去的研学地点是"云门寺"，接下来我们要做什么呢？或者说在研学之前要做哪些准备呢？

(提示学生，研学旅行不同于普通的旅行)

生：1. 云门寺有何魅力？2. 去过云门寺的唐朝诗人有哪些，他们写下了哪些诗？3. 现在的云门寺是怎样的，与以前一样吗？……

师：是的，除了这些你想要探究的问题，你觉得可以设计一些怎样的活动，让这次研学旅行更加有趣、好玩？

下发研学旅行设计方案表格，请学生完成。

"云门寻古"研学旅行设计表

研学者		研学时间	
研学地点（线路）			
探究的问题			
活动设计			

五、交流展示，完善方案

学生交流，老师评价引导。

师：同学们，从你们想探究的问题和想开展的研学活动设计中可以看出，这次研学大家肯定会有很大的收获。那么，是不是有了想探究的问题和活动设计，我们就可以出发了呢？

生：不可以。

师：我们还要做些什么准备？

生：出行时间，安全预案，所需物品，出行方式，人员分工，等等。

师：是的，想要研学旅行顺利，这些准备工作必不可少。同学们以小组为单位，一起商量商量，完成这份研学旅行设计方案。然后，在老师或家长的带领下，找一个时间，做一次"云门寻古"研学旅行。

老街的昨天、今天和明天

——"老街探幽"语文实践活动汇报及研究报告撰写指导教学设计

【教学目标】

《义务教育语文课程标准》在第三学段综合性学习目标中提到:"为解决与学习和生活相关的问题,利用图书馆、网络等信息渠道获取资料,尝试写简单的研究报告。""策划简单的校园活动和社会活动,对所策划的主题进行讨论和分析,学写活动计划和活动总结。""初步了解查找资料、运用资料的基本方法。"

在人教版小学语文五年级下册第六组"综合性学习:走进信息世界"的单元教学目标中也提到:"本组教材通过这次综合性学习,引导学生走进丰富多彩的信息世界,感受信息传递方式的变化,体会信息在人们生活、工作和学习中的作用,学习搜集和处理信息,初步学会利用信息,写简单的研究报告。"

结合学段目标和单元目标的要求,制订本课的教学目标。

1. 通过交流,使学生对柯桥区内的一些老街有更深的认识;了解老街的历史和形成的原因,老街兴衰的原因及老街未来的走向等。

2. 通过对老街相关信息的分析研究，初步培养学生利用搜集的信息来处理相关问题的能力，激发学生利用信息进行研究的兴趣。

3. 学会与别人交流，体验利用信息进行研究的快乐；初步学会撰写研究报告。

【教学重点与难点】

之前，学生通过书籍、网络查找和实地调查访问，已经搜集了不少关于老街的信息。如何利用这些信息，写一篇简单的研究报告，是本课的教学重点，即培养学生处理信息的能力。而根据这些已知的信息，最后形成自己的研究结论，则是本课的教学难点所在。

【教学过程】

一、回顾活动导入

1. 出示"老街探幽"综合实践活动学生实践照片，回顾走过的老街，导入新课。

2. 出示课题。

二、出示"老街探幽"实践调查表，提出要探究的问题

1. 看照片，猜老街。

2. 仔细观察柯桥、安昌、东浦三条老街的照片，说说你的发现。[（1）建筑风格相似；（2）老街都临水而建]

3. 把几张老街的照片放在一起，同学们就能说出自己的发现，提出自己的问题。相信同学们看了这张实践调查表，肯定会有更多的发现。出示"老街探幽"实践调查表。

"老街探幽"实践调查表

老街	地理位置	建筑特色	形成街市时期	今日面貌
柯桥老街	位于会稽山北麓，东与上虞区交界，东南和西南分别与嵊州市、诸暨市为邻，西和西北部与萧山区接壤，北濒海，腹部横亘越城区。	主街濒河，建筑布局随岸取势，配以白墙青瓦、雨廊翻轩、茶馆酒肆，成为江南水乡"小桥流水人家"的绝妙写照。	柯桥历经唐宋，至明开市，成为繁华集市。从清朝开始，柯桥商业繁荣达到鼎盛。	今天的柯桥老街基础设施落后，传统商业萧条，道路通行不畅，环境卫生堪忧，原有的商贸业态也渐渐消失。
安昌老街	位于绍兴县境内西北端，与杭州的萧山相接，南靠柯桥，北邻杭甬高速公路。	依河有排门型的店铺、错落有致的翻轩和骑楼及青石板铺砌的1747米长街。集市密集于河之北，民居在河之南，粉墙黛瓦，鳞次栉比。	明弘治二年（1489）浙南温岭人郑斗南"谋诸众捐地为街，捐荡为河"，始开安昌集市。至清末、民国初年，安昌成为浙东航运线上最主要的商埠码头之一。	据安昌"活字典"娄仲安说，20世纪90年代，古镇老街的街面房子起码有三分之二是关闭的，如今由于游客增多，临河的房子已经租不到了。
东浦老街	位于距绍兴城区西北7公里处。	街坊多依河分布，民居多傍水而建。沿街店铺多是平屋和二层楼屋。雨廊翻轩，粉墙黛瓦。	东浦原为杭州湾边的滩涂，东汉永和五年（140）会稽太守马臻围筑鉴湖后这里始成陆地。到南宋时已经形成现有的集镇格局，清嘉庆时期成为繁荣的商业市镇。	公共设施不完善，建筑自然老化，部分历史建筑遭到人为破坏，老街区人口老龄化严重，缺乏活力和人气。

走读绍兴

把这三条老街的相关信息放在一起,同学们又发现了什么?又产生了什么疑问呢?

问题预设:(1)为什么这些老街都依河傍水,跟水的关系很密切?(2)为什么这些曾经繁荣兴盛的老街,到现在会普遍衰落,跟周边的商贸区天差地别?(3)为什么柯桥老街和东浦老街现在都已经很萧条,而安昌老街却仍然这么热闹?……

4. 前后四人小组讨论交流自己的发现或疑问。点名交流,提出要探究的问题。

三、根据学生提出的疑问,展开讨论

问题一:老街与水的关系

就老街与水,说说你的理解。

1. 交流,回答。(主要原因是:那时候水上交通便利、发达,进出货物通过舟船运输非常方便)

2. 出示绍兴地图。

地图上蓝色的地方代表的是河流湖泊。看了绍兴地图,你有什么发现吗?(绍兴河道纵横、四通八达)

师:绍兴是水乡泽国,古时越人多以舟船为车马。18世纪,法国人格罗赛游览绍兴城时,对这个景观特殊的城市作了这样的描述:"它位于广阔而肥沃的平原中,四面被水所包围,使人感觉宛如在威尼斯一样。"

但看了这张绍兴地图之后,老师心里又冒出了一个问题:我们绍兴柯桥有20多个乡镇,虽然有一部分位于山区,交通不便,没有形成老街,但也有许多乡镇是在水乡,河流密布,比如我们之前去过的湖塘街道,它就在鉴湖边。这些乡镇为什么当初没有形成一定规模的街市呢?(出示老街分布图,思考)

3. 出示浙东运河地图,介绍。

浙东运河位于京杭大运河最南端,始建于晋代。初称萧绍运河、西兴运河,后统称浙东运河。它西起萧山西兴镇,经绍兴、宁波,由甬江入海。萧绍段长78.5公里，连续运用时间超过1700年，唐宋以来，就是京杭大运河与外海连接的纽带，海上丝绸之路的起点。（对于浙东运河，学生对它已有所了解，因为之前的学期，曾经开展过"运河古韵"社会实践活动）

读了这则资料，你找到答案了吗？

（柯桥、安昌、东浦三条老街，就在浙东运河经过的地方。而浙东运河是京杭大运河与外海连接的纽带，海上丝绸之路的起点）

问题二：老街兴衰的原因

1. 同学们明白了每条老街与水之间的关系，那么你们能说说当初老街兴盛的原因吗？

（当初水上交通发达，交通要道浙东运河又恰巧经过这些老街，所以在这里形成了热闹的街市）

2. 这么繁荣兴盛的老街，最后又为什么会衰落呢？

四人小组讨论原因，交流。

（主要原因是陆上交通慢慢替代了水上交通，老街就渐渐衰落下来了）

问题三：为什么安昌老街与柯桥老街和东浦老街不一样呢？它现在怎么又热闹起来了？

（对老街进行开发，发展成旅游景区，保护、修缮老街，让老街"重生"）

四、研究报告撰写指导

1. "利用信息，写简单的研究报告"，回顾课文中两篇研究报告的写作方法。

以《关于李姓的历史和现状的研究报告》为例，可知研究报告分四个部分：问题的提出、调查方法、调查情况和资料整理、得出结论。

2. 小组讨论，确定研究主题。

结合阅读材料和本节课的讨论，说说你之前心中的疑问是什么，这个问题就可以作为研究报告的主题。在研究报告的第一部分"问题的提出"中，你可以介绍一下这个疑问产生的原因。

3. 回顾交流实践过程中采用的调查方法。

4. 回顾小结。回顾本节课的交流过程，学生思考自己的研究报告所需的资料及得出结论的过程。

五、布置作业

学生课后撰写"老街探幽"综合实践活动研究报告。

附：学生调查报告

老街探秘
——关于安昌老街现状的调查报告

浙江省绍兴市柯桥区实验小学五（4）班百合中队　执笔：洪嘉颖

一、问题的提出

寒假里，我们百合中队梅花小队的队员走进了安昌老街，对安昌老街进行了一次实地走访。

安昌老街可热闹了！岸上游人川流不息，河里乌篷船络绎不绝。家家屋檐下都挂满了腊肠，现做的扯白糖吸引了一大批游客。

看着这一幕，我们梅花小队的队员们很想知道一个问题：这么热闹的老街是怎么来的？它经历了什么？和绍兴其他几条老街有什么不同？

于是，我们梅花小队开始调查安昌老街现状背后的原因。

二、调查方法

1. 查阅有关安昌老街的书籍，阅读报刊，了解安昌老街的历史，做好资料记录。

2. 上网浏览，了解安昌老街开市的时代。

3. 走访安昌老街，进行实地调查，采访居民，了解老街建筑特色。

三、调查情况和资料整理

关于安昌老街现状的调查表

信息渠道	涉及方面	具体内容
书籍、报刊	安昌老街的历史	安昌老街非常古老,于明弘治二年(1489)浙南温岭人郑斗南"谋诸众捐地为街,捐荡为河"始开安昌集市。至清末、民国初年,安昌各类商号有933户。
网络	安昌老街的建造	始建于北宋时期,后因战乱多次焚毁,又于明清时重建。
实地走访	安昌老街的建筑特色	老街靠河,由古色古香的青石板铺成,总长1747米。河上有许多小桥,这些小桥都非常有特色。依河有排门型的店铺、错落有致的翻轩和骑楼。集市密集于河之北,民居在河之南,粉墙黛瓦,鳞次栉比。
老师的讲述	安昌老街与其他老街的区别	安昌老街比别的老街要热闹,是因为它经过改造形成了风景区,把老房子都改成了店铺,所以游人比较多。

四、结论

1. 老街长达1747米,它始建于北宋时期,后因战乱多次焚毁,明清时期重建,一直保留到现在,已有一千多年历史了。

2. 老街依河而建,是因为古时候水陆交通比较发达,人们可以用船在河上运输商品,所以老街和水关系比较亲密,老街居民也赖水生活。

3. 通过老师的讲述,我们知道了安昌老街比其他绍兴老街要热闹,是因为安昌老街比别的老街保护得好,已经进行了改造,形成了风景区,把大部分待租的老房子都改成了店铺。

(原载于《作文大王》2016年6月)

"越地儿戏"教学设计

【教学目标】

1. 了解越地风俗大致分岁时习俗、礼仪习俗、生活习俗和信仰习俗等类别，知道"越地儿戏"属于生活习俗中的娱乐习俗。

2. 通过调查、采访等途径，了解绍兴传统儿童游戏的种类及玩法。学玩绍兴传统游戏，体会游戏的乐趣，同时把自己喜欢的游戏介绍给同伴。

3. 通过对"越地儿戏"的分类，探究绍兴传统儿童游戏消亡的原因，培养学生的探究能力和探究热情。

4. 领略绍兴传统儿童游戏的魅力，感受父母童年的快乐，有选择地继承和发扬绍兴传统儿童游戏，激发学生热爱生活、热爱绍兴传统游戏的情感。

【教学重点】

了解绍兴传统儿童游戏的种类，知道传统游戏的玩法。

【教学难点】

探究绍兴传统儿童游戏消亡的原因，以及如何继承和发扬传统游戏。

【课前准备】

1. 学生在课前开展绍兴传统儿童游戏的调查，并完成"越地儿戏"调查表。

2. 教师准备好"越地儿戏"分类表。

3. 请学生准备游戏用的"寸子"（小沙包）和"花绳"。

【教学过程】

板块一：回顾习俗，引导归类

1. 回顾"走读绍兴"拓展性课程的开展过程，引出"越地风俗"。

师：从四年级开始，我们已经开展了"找回鉴湖""运河古韵""越中名士""老街探幽"系列主题实践活动。这个学期我们开展的主题是"越地风俗"。相信同学们通过寒假的实践调查，已经对绍兴过年时的一些风俗有了一定的了解。

2. 请学生说说自己搜集的越地风俗。

3. 出示风俗名称，说说这些风俗有什么特点，并对越地风俗进行分类。

过年做年糕、裹粽子　除夕分岁、守岁　春节贴春联、拜年　清明踏青、扫墓

立夏称重、吃豆　端午吃"五黄"、写"王"　中秋祭月、吃月饼

师：同学们，上面的这些风俗有什么特点？（预设：都跟节日有关）对，像这些跟节日有关的风俗习惯，我们称之为"岁时习俗"。

但也有一些同学搜集的风俗是这样的，出示风俗名称——

结婚传袋　结婚回门　周岁抓周

师：这些习俗跟什么有关？我们可以称之为什么习俗？（礼仪习俗）

师：同学们，大家搜集的风俗中，岁时习俗和礼仪习俗出现得最多。在《绍兴民俗文化》一书中，还提到了生产习俗、社会习俗、生活习俗、娱乐习俗和信仰习俗，这些习俗大家接触得不多。这节课，我们将走进这本书中的娱乐习俗，了解绍兴的传统儿童游戏。

板块二：走进"儿戏"，体会乐趣

1. 出示"越地儿戏"调查表，交流调查所得的儿童游戏。

师：同学们，课前我们已经对绍兴的传统儿童游戏进行了调查，你们能说说调查结果吗？

学生交流，相互补充。

2. 出示传统儿童游戏名称，用绍兴方言读一读。

打水漂　跳房子　掷（挞）寸子　旋陀螺　摸青盲　滚铁环　拍洋片

丢手帕　跳皮筋　撞拐子　踢毽子　躲偷伴　斗蚰蚰　写"王"字

打弹子　花线绷　踢脚扳扳　老鹰拖小鸡　金木水火土　荡荡尺四镬

师：哪位同学愿意用绍兴的方言来读一读这些传统游戏的名称？

学生读，教师正音。

3. 出示问题一：在这些传统游戏中，你最喜欢玩哪个游戏？

学生自由交流，并说出喜欢的原因。

4. 玩传统游戏，体会游戏的乐趣。

师：今天同学们都准备了"花绳"，下面我们就来玩"花线绷"游戏。看哪组同学玩的时间长，不会"破"。

以同桌两位学生为一组开展游戏。游戏结束后，请学生谈谈感受。

师：老师准备了一组"寸子"，有会玩"掷寸子"的同学吗？

请学生代表上来比赛玩"掷寸子"，并说说这种游戏的趣味。

5. 出示问题二：在这些传统游戏中，你感觉哪个游戏最陌生？

教师出示游戏的玩法，学生试玩其中一个喜欢的游戏。

踢脚扳扳：小朋友们坐成一排，两脚伸出放整齐。一人拿根细棒之类的东西，口中念着："踢脚扳扳，扳过南山。南山有荔，荔枝熬羹。新官上任，旧官请进。"每念一个字点一只脚，点到"旧官请进"的"进"字，这只脚就缩进，再从下只脚开始从头念起。这样反复几遍以后，最后只剩下一只脚。这只脚的主人就是失败者。

荡荡尺四镬：开展游戏需要人员五个，其中一人四脚朝天躺在地上，其余四人每人拎住被荡人的双手和双脚，口中念念有词，不断重复："荡荡尺四镬，蹲蹲卖瓢镬。"四人边说边笑边荡,被荡人也开心得直笑,直到体力不支才罢休。

介绍游戏时,教师用方言带着学生念童谣。

板块三:"儿戏"分类,探究现状

1. 读"儿戏"名称,给"儿戏"分类。

师:就是这些游戏,给你们祖辈、父辈的童年带去了无穷的乐趣。让我们再用方言念一遍这些传统游戏的名称。

学生读传统儿童游戏名称。

师:同学们,如果请你给这些游戏分类,你会怎么分?请同学们拿出"越地儿戏"分类表,按自己的方法进行分类,可以分成两类,也可以分成三类。

学生填表,教师巡视指导。

2. 学生交流自己分类的方法,提出要探究的问题。

师:通过分类,我们了解了哪些游戏适合男生玩,哪些游戏适合女生玩;哪些适合在室外玩,哪些适合在室内玩。也有同学按现在哪些游戏还在玩、哪些游戏已经不玩了的方法,分了两类,老师也是按这种方法来分类的。

出示表格:

"越地儿戏"分类表

游戏类别	常玩	少玩	不玩
游戏名称	丢手帕 跳皮筋 踢毽子 躲偷伴 写"王"字 花线绷 老鹰拖小鸡	打水漂 跳房子 掷(挞)寸子 旋陀螺 摸青盲	滚铁环 拍洋片 撞拐子 斗蛐蛐 打弹子 踢脚扳扳 金木水火土 荡荡尺四镬

师：同学们，看了这张分类表，你有什么疑问吗？

3. 讨论探究越地传统儿童游戏的兴衰原因。

师：这些游戏曾经给你们的祖辈、父辈的童年，带去了无穷无尽的快乐。为什么到你们这一代，玩的人就少了，甚至不玩这些游戏了？请同学们以前后四人为一小组，讨论其中的原因。

学生小组讨论原因，小结概括原因。

板块四：思考出路，传承"儿戏"

师：同学们，如果没有调查，你知道这些游戏吗？也就是说，这些绍兴的传统儿童游戏正逐渐消失在我们的视线中。那么，我们应该怎么做呢？是任其消亡，还是积极传承？为什么要传承？该怎样传承？

学生思考对策，得出答案。

师："越地儿戏"是我们绍兴的习俗、文化，展现着绍兴人的聪明才智，记载着绍兴历史的发展和岁月的变迁，所以千万别让这些绍兴的传统儿童游戏消失在历史的舞台，失去光彩。让我们从今天开始，从自己做起，做"越地儿戏"的传承者，让"越地儿戏"一代一代传承下去！

（原载于《走读家乡》，浙江教育出版社，2019年10月）

附：学生作品两篇

关于"长辈们的童年游戏"的研究报告

浙江省绍兴市柯桥区实验小学六（4）班　洪嘉颖

一、提出问题

随着科技飞速发展，人们进入了数字化时代，身边都是电子产品，孩子们的娱乐也渐渐被各种电子游戏取代。那么在爷爷奶奶的童年时代，那时没有电子游戏，他们玩的是什么游戏呢？这些游戏，现在还有人玩吗？于是，我们六(4)班的同学就"长辈们的童年游戏"做了一次调查。

二、研究方法

1. 通过上网浏览、查阅书籍，了解绍兴旧时的传统游戏。

2. 采访爷爷奶奶、爸爸妈妈，了解他们小时候玩过的游戏以及游戏的玩法。

3. 尝试玩一玩以前的游戏，说一说与现在的电子游戏的区别。

三、资料整理

"长辈们的童年游戏"调查表

游戏名称	信息来源	游戏玩法
打弹珠	采访爸爸	在地上挖个小洞，谁先把弹珠打到洞里去，谁就算赢。
滚铁环	查阅书籍	手握顶头是"U"字形的铁棍或铁丝，推一个直径66厘米左右的铁环向前跑。有的还在铁环上套两三个小环，滚动时发出的声音更响亮。或用铁丝做一个圈，然后再做一个长柄的铁钩子，推着这个铁丝圈滚着走。
掷（挃）寸子	采访奶奶	几个沙包放在桌上，用手先扔起一个，然后另一只手立马拿起另一个，并接住扔上去的那个，再重复，直到掉下为止。

四、研究结论

1. 由于社会发展，传统的游戏渐渐被电子游戏取代，所以现在这些传统游戏孩子们不经常玩，甚至不玩了。

2. 这些传统游戏都是以前孩子们在玩耍时自己想出来的，他们接近大自然，游戏时都在大自然中，而现在我们已经离大自然越来越远了，这些游戏也都不玩了。

3. 以前的家庭经济贫困，所以那时的孩子只能用简单的材料玩一些他们认为有趣的游戏；现在孩子的生活条件越来越好，可以买很多玩具，自然不会玩那样的游戏了。

4. 经过尝试，我们发现，那些传统游戏其实非常有趣，不但能丰富课余生活，提高动手能力，还能增强体魄。所以，我希望大家都能摆脱电子游戏，让这些给长辈们带来无限乐趣的游戏再次走进我们的童年！

（原载于《一本·小学语文暑假阅读·4年级升5年级》，湖南教育出版社，2021年5月）

被遗忘的"越地儿戏"

浙江省绍兴市柯桥区实验小学六（4）班　虞　可

"越地儿戏"，顾名思义就是我们绍兴的传统儿童游戏。（绍兴古时被称为"越地"，文章开头就作说明，很有必要）听奶奶说，她小时候虽然物质匮乏，没有像样的玩具，但那些老绍兴的传统游戏还是给她的童年带来了无穷的乐趣。（一句"听奶奶说"，很自然地把读者带到小作者奶奶的那个时代。再用"虽然……但……"一组关联词，引出下文，开始介绍奶奶小时候喜欢玩的"越地儿戏"。这样的开头，简洁、自然、流畅）

奶奶小时候最爱玩的游戏是"挝寸子"。（直接点明"最"爱玩的游戏，这样写紧扣中心，惜墨如金）"寸子"就是用废布料缝成的一个个豆腐干大小的小沙包或小米袋，（"寸子"这个名称，是绍兴方言的叫法，字具体怎么写也没有规定。但这么一解释，读者就明白所谓的"寸子"是什么东西了）一般缝五六个即可。玩的时候，先把"寸子"撒在桌上，用手挝起一个后往上抛，趁它还未落下前，迅速挝起第二个，接住落下的"寸子"后，再抛一个挝一个。如此循环，直到所有的"寸子"都挝住为止。（抓住几个动词，三言两语就把"挝寸子"这个游戏的玩法介绍得一清二楚）玩的过程中，如果没能接住"寸子",或是挞的过程中碰到了其他"寸子",那就算输了。

奶奶对我说,要是粮食紧张或找不到沙子做"寸子"的时候,她们就用碎瓦片或小石子代替"寸子"来玩。虽然有时手都会被磨破,但还是玩得不亦乐乎。("要是……就……"和"虽然……但……"两组关联词,既写出了小作者奶奶小时候物质的匮乏,与前文呼应,也写出了孩子们无穷的想象力和这个游戏带给她们的快乐)

而我听了朱老师"越地儿戏"的课后,才知道"挞寸子"居然是一个几乎失传的传统儿童游戏。这倒也是,现在每个孩子都有遥控汽车、变形金刚、芭比娃娃什么的,谁还会去玩这种土游戏呢?(一句反问,道出了"挞寸子"游戏失传和被遗忘的原因)

但同样是绍兴的传统游戏,妈妈喜欢玩的"跳皮筋"就幸运多了,这个游戏现在依然在女生中间盛行。选一条长长的橡皮筋,打上结,再让两个人用腿将皮筋撑开,一群女孩子就可以在皮筋上踩踏、跳跃、勾绕……随着皮筋一节一节升高,难度也一点点加大。女孩子们一边跳,还一边唱着自编的歌谣:"马兰开花二十一,二五六,二五七,二八二九三十一……"(经"跳皮筋"游戏的"幸运"一衬托,更加重了"挞寸子"因几乎失传所带来的淡淡的忧伤)

时代在变化,我们玩的游戏也在变化。但我真希望这些传统的"越地儿戏"能一直流传下去,让今天的孩子也在这些游戏的陪伴下,快乐地度过自己的童年。(文章最后小作者提出自己的希望,点明中心)

【总评】

小作者用平实质朴的语言,向我们介绍了两个绍兴的传统游戏——"挞寸子"和"跳皮筋"。两个游戏,一"几乎失传",一"幸运",对比之下,使文章更具层次感;写法上,一详一略,重点更加突出,结构更显完整。而小作者对游戏玩法的一些动作描写特别传神,值得品味。

(原载于《作文周刊》2016年8月20日)

代后记

朱胜阳：“折腾”在路上

《中国教师报》记者　高影

朱胜阳，浙江省绍兴市柯桥区实验小学语文教师，儿童阅读推广人。2014年9月，他在"荔枝FM"创建的"颜颜爸爸故事会"网络电台，仅用了短短一个半月的时间，节目播放总数就突破了20 000次。

"我想做一名好老师，总想折腾出一点自己喜欢做的事！"

朱胜阳将重音放在了"好、折腾、喜欢"上，话语里传达着一种对教育自由的向往。然而，学校里方方面面的事情有很多，时间从哪里来？怎么才能在完成规定动作的同时，又可以完成自选动作？一个总是"瞎折腾"的老师，能"折腾"出什么名堂？

给儿童讲故事的人

朱胜阳喜欢别人评价自己是一个"会讲故事的人"。"讲故事"的初衷来自朱胜阳对阅读的喜爱。从小学到师范毕业，整个求学生涯读书不多，让朱胜阳深以为憾。因此,他从第一天当老师开始,就带领学生背古诗词、看课外书。"那个时候想法很单纯,就是不想让自己的遗憾在学生身上重演。"朱胜阳说。为了解决孩子们没有书看的问题,他在家长会上作动员,提议捐款购书:"每人捐出一本书的钱,得到看40多本书的回报。"家长们积极响应,于是《小学生自然百科》《世界童话名著》等第一批少儿书籍从县城运进了教室。

一次,朱胜阳布置五年级的学生阅读《三国演义》,有的学生看了之后,说文言文读起来有点吃力,不是很懂。朱胜阳意识到,"放羊式"的阅读已经不能满足学生的求知欲,他们不仅有了读书的自觉,而且有了问题意识和表达诉求。于是,他决定给学生们讲《三国演义》,一天一回。但前提是,学生必须回家先自己读一遍,第二天再听朱老师讲述。这么一来,阅读的障碍扫除了,学生的阅读兴趣大大提升。

就这样,朱胜阳的故事越讲越好,甚至有点"供不应求"了。

偶然间,朱胜阳看了日本"图画书之父"松居直的《幸福的种子》一书,突发奇想:"能不能到外面讲故事?让自己成为一粒种子,让更多的孩子、家长受益,知道并懂得讲故事可以促进阅读习惯的养成?"想到就做。那年暑假里,每逢周六晚上,朱胜阳便会开着车,兴致勃勃地到柯桥瓜渚湖畔给陌生的小朋友讲故事。

瓜渚湖畔风光旖旎,景色宜人,来来往往休闲赏景的人多,正吻合朱胜阳的想法。"记得第一次到这里讲故事,我有些紧张,花了一个下午的时间,把晚上要讲的第一个故事《我是霸王龙》反复读了几遍。担心没有观众,冷场,又特意打电话叫朋友带小孩子来捧场。"没想到,在公园里玩的小朋友都围过来听他讲故事。从此,不论春夏秋冬,每到周六,瓜渚湖畔的"颜颜爸爸故事会"都会如期举行。

"颜颜爸爸故事会"吸引了《绍兴晚报》的记者,他专门对这件事进行了报道。消息一传出,许多社会人士也纷纷加入了讲故事的团队,有电台主持人,有晚报小记者,有环保志愿者……

2014年9月，朱胜阳在"荔枝FM"创建了"颜颜爸爸故事会"网络电台，开始在网络上给孩子们讲故事。他感觉这种方式更好，不拘泥于场地，故事还可以配乐，像真的电台一样，自己仿佛就是一位主持人。而且收听方便，拿出手机或打开电脑，都可以听故事。

自开播以来，"颜颜爸爸故事会"电台的粉丝已经超过80位，短短一个半月的时间，节目播放总数已经超过20 000次。看到电脑上自动统计的这些数据，想到"颜颜爸爸故事会"能给小朋友们带去快乐，朱胜阳很享受自己的这种"折腾"，心里特别有成就感。

记者点评：朱胜阳通过讲故事、推广儿童阅读体验到了职业成就感和自我价值感。这个阶段的他，在开开心心"折腾"自己喜欢的事情，活得很纯粹。身为教师的意义和快乐，就在于此。

好老师不为荣誉而活

带着学生读书、讲故事，朱胜阳每天沉浸其中，他认为这是自然而然的事情，但还不能说明自己是好老师，因为"没有获得过优秀教师的荣誉称号，没有评上过省市级先进，没有论文发表……"。曾经，朱胜阳衡量自己是不是一个好老师的标准，在于这些来自外界的肯定。

参加工作的第七年，为了成为"名师"，朱胜阳开始投入到竞争的大潮中。他开始积极参加赛课，但几次赛课的失利，让他的"名师梦"变得渺茫、遥不可及。同时也让他深深地感受到：赛课的确是一条成为名师的终南捷径，但这也是一座独木桥——不是每一位老师都有上桥的机会，也不是每一位老师都能幸运地过桥。心有不甘的朱胜阳迷失了方向，有将近三年的时间，他倍感困惑、彷徨、迷茫。那段时间，朱胜阳感觉心像是一个洞，空空的。于是，他用另一种方式填充自己。

他带上女儿，三年里把绍兴知名的越王峥、香炉峰、梅山、府山……爬了个遍，自驾绍兴周边摘遍了各个时节的水果：塘栖枇杷、嵊州桃形李、上虞二都杨梅……反正怎么都不让自己"空"下来。

折腾了自己三年，朱胜阳厌了："变成了自己最憎恶的人，这是我那时候最大的痛苦！"

再也不能这样活。他开始慢慢调整自己的心态，不再在乎自己是否是学科带头人，是否是先进，有没有评上中高级职称。他想明白了，自己毕竟不是为这些荣誉而活。他要建构自己的精神世界，内观，内省，做好自己，做好自己的事。

"多看书，多思考课堂，多了解学生，多写些文章。努力让自己的每一天都过得充实、有意义，比什么都重要。"经历一番寒彻骨之后，精神回归的朱胜阳重新出发，又开始"折腾"教育那些事了。

记者点评：想当"名师"，朱胜阳疯狂地读书写作，又积极参加各种比赛。求之不得后，他消极地"折腾"自己——爬山、摘果子、打麻将、看电影。其本质都是为了追求外界的、他人的认可。只有当他认识到自己为什么而教，为什么而活之后，他才完成了从追求外界认可到实现自我确认的精神跨越，重新获得了心灵的安宁和重新上路的动力、勇气。

重新出发，走读绍兴

做好自己的事，自己的事就是上好语文课。大家都熟知"用教材教"的说法，但怎么用，怎么教？经过一段时间的研究后，朱胜阳发现，课文竟然存在不少问题。

以散文《小桥流水人家》为例，这是人教版五年级上册"思乡"主题单元的一篇略读课文。讲完这篇课文后，朱胜阳总感觉其中所表达的思乡之情不够浓，甚至有些牵强。问题到底出在哪里？他一时又说不上来。

课后，朱胜阳上网查找与课文相关的一些资料，意外地发现了原文。"课文与原文相比，描写家人和家庭情况的内容都删除了。尤其是母亲告诉'我'少吃糖，'吃糖坏牙'这一段。"朱胜阳拿出课文与原文，指点、对照着给记者看。

"我不知道教材的编者在选择文章、改动原文时，有着怎样的方法、原则与标准。但就这篇文章的改动来看，它破坏了原文的整体结构，失去了原有的作品风格。"朱胜阳不再迷信教材了，同时也站在了一个新的起点上。用他自己的话说就是："突破教材教参的束缚，尝试用自己的方法，去寻找课文教学的新途径。"之后，朱胜阳开始尝试着对《冬阳·童年·骆驼队》《桂花雨》等课文进行原文与课文的对比教学，效果很好。"我现在越来越喜欢这样去玩课文、玩课堂了！"朱胜阳说。

一个"玩"字，朱胜阳道出了自己的教学理念，他不仅在课堂上玩，还不"安分"地走出去"玩"。

记者点评："用教材教"而不是"教教材"，这个观点已经流行多年，像朱胜阳这样把它落到教学实践中的教师似乎不多。一位教师，如果因为主观或客观的原因，只知一味地崇拜名家、遵循教参、服从指令，那就无法真正体验到职业自豪感和职业尊严。突破教材教参束缚，大胆提出自己的教学主张，课堂有"我"，这同样是一条自我实现之路。

2013年9月，朱胜阳边忙着研究课文、讲故事，边开始计划筹备语文综合实践活动——"走读绍兴"。仅仅去年一年，他就带着学生走读了鉴湖、浙东运河和古纤道。虽然忙得不可开交，他却乐在其中。

绍兴是一座没有围墙的博物馆，一脚就能踏出一段历史，文化底蕴深厚。这里有大禹陵、会稽山、舜王庙、兰亭、沈园、鲁迅故居、周恩来故居……而孩子们的双休日不是上补习班，就是"宅"在家里玩电脑，对自己生活的这片土地，对这里的历史、人文、地理越来越不了解。朱胜阳满怀惋惜地说："教育不仅仅是为了学生的学习成绩，学习也不仅仅是在教室里学课本。学习成绩和书本知识固然重要，但这些并不是教育的全部。教育应该回归自然，回归生活。"出于这样的目的，朱胜阳带着学生踏上了"走读绍兴"之旅。

　　第一站，朱胜阳决定带学生去走读鉴湖。朱胜阳从小就是喝鉴湖水、玩鉴湖水长大的，但对家门口的鉴湖却知之甚少。在搜集资料之前，他不知道鉴湖的名气曾经远远超过西湖，不知道上学路上的那座西跨湖桥竟有千年历史，更不知道绍兴之所以能够成为鱼米之乡，其实与1800多年前马臻主持开凿鉴湖密不可分……

　　走读对象确定了，活动目标也有了，师生们开始忙碌起来：搜集与鉴湖有关的民间故事，相关的古诗词，与此有关的诗人的故事；了解鉴湖的由来；认识历史上鉴湖的地位，以及它与绍兴发展的关系；考虑用什么方式出行，应该注意哪些安全问题，路线怎么确定；出去实地考察时，应带什么东西，可能会遇到什么问题；出行时学生要做什么，回来之后要做什么……各种各样的问题扑面而来，许许多多的事情都要一一去落实，这就意味着要占用许多休息时间，可他却乐此不疲。

　　出行那天早晨，孩子们在家长的带领下，早早来到集合地点，三个一伙，五个一群，或挂个相机，或背个小包，个个脸上洋溢着笑容，个个神采飞扬。"我们一起走上西跨湖桥，看着眼前的悠悠鉴湖水，不禁想起陆游的诗句'傍水多投钓，穿云有负樵'，仿佛已经穿越到陆游的那个时代。同学们纷纷按下快门，用相机留下鉴湖的迷人风光。一些同学甚至拿着采访本，采访沿岸的居民，去了解更多关于鉴湖的故事。"朱胜阳读着学生的习作，笑了，一脸的满足感，"这才是孩子真正的样子，真正的童年应该是这样的"。

　　探访鉴湖回来后，朱胜阳又带领学生整理照片，配照片说明，写感想，出小报，组织"找回鉴湖"摄影赛和作文赛。整个活动马不停蹄，一气呵成，但真的丰富了学生的见识，增长了学生的才干，同时也让学生对鉴湖、对绍兴的人文历史有了更多、更深的了解。

　　接下来，朱胜阳要带领学生走读浙东运河和古纤道，去老街"寻梦"。朱胜阳说："尽可能带学生多'读'几个地方，多走几个地方。"

"折腾"在路上，朱胜阳和他的学生走得兴致盎然，信心十足。

记者点评：教育是帮助学生为将来的生活做准备，但教育同时就是当下的生活。带领学生走出校园，走入社会，走入生活，这本是学校教育的应有之义。同样，对教师来说，如果无法把工作视为生活的一部分，而是把两者完全对立起来，那么就很难体会到职业的幸福感。教师的自我实现之路，最终就是把工作视为生活的常态——当然不是全部——在成就学生的同时也实现自己的理想。

■ 手记

我为什么要写朱胜阳

自从绍兴采访回来，经常会问自己一句话——我为什么要写朱胜阳？因为他别出心裁的阅读方式？因为他对教材的质疑精神？因为他对教育现状的批判意识？仿佛都是，但又都不足以表达我的"动机"。

他的价值到底在哪里？回顾访谈的情景，我想我找到了答案——不管社会如何浮躁，不管教育存在多少不如意，他依然在坚持思考教育教学，依然在寻求突围，依然在以"折腾"的方式证明自己的存在。

他是草根，他是普通人，所有普通教师的喜怒哀乐他都有，所有普通教师遇到的大事小情他都经历过。他的"折腾"、质疑、思考，他的呐喊、彷徨、迷失，他的挣扎、努力、追求，可以说是千千万万教师的剪影。

那句"我想当个好老师"的声音至今在我耳边回荡。这个声音，给了在当下浮躁功利环境里生活的我们一个活出自己的答案。

朱胜阳的故事是一个设问：你放弃了自己谁来拯救你？答案是，唯有自己！

（原载于《中国教师报》2014年10月29日，刊发时没有记者点评）